最新

第二言語習得研究

に基づく

究極の英語学習法

The Ultimate Guide to English Learning

立教大学教授
中田達也

KADOKAWA

はじめに

英語の「学び方を学ぶ」ことの重要性

「中学校・高校で6年間も英語を勉強したのに、ちっとも話せるようにならなかった」という不満をよく耳にします。言語習得には莫大な時間がかかるため、無理もありません。

子どもはいとも簡単に言語を身につけているように見えるかもしれません。しかし、英語を母語とする子どもが英語の基本的な文法知識を習得するには、17,520時間くらい英語に触れている必要があると推定されています（第1章を参照）。[1]日本の中学校・高校の英語授業は約3,000時間ですので、[2]母語習得に必要な17,520時間の約6分の1にすぎません。

英語への接触量が学校教育だけでは不十分であることを考えると、「中学校・高校で勉強したけれど、英語がちっとも身につかなかった」というのは、「体育の授業を受けたのにオリンピック選手になれなかった」「理科の授業を受けたのにノーベル賞がとれなかった」「音楽の授業を受けたのにピアニストになれなかった」と同じくらい、自明のことと言えます。

中学校・高校の英語授業はあくまでもきっかけを提供してい

るにすぎません。**高度な英語力を身につけるには、学校外でも英語学習を継続する必要があります。**

しかし、社会人になってから自助努力で英語を身につけるのは、並大抵のことではありません。まず、仕事やプライベートの合間をぬって、学習時間を捻出する必要があります。

また、学生時代とは異なり、教科書が決まっているわけでも、先生が宿題を出してくれるわけでも、期末テストがあるわけでもありません。自分自身で教材を選び、学習スケジュールを立て、学習の進捗を定期的に確認する必要があります。

つまり、大人になってから英語学習を継続するには、自分自身で学習の責任を負わねばなりません。**その際に役立つのは、「どのようにすれば効果的に英語が学習できるか」という英語学習法に関する知識でしょう。**

独学で英語を身につけたいと考える方の道しるべとなるよう、本書を執筆しました。

研究が明らかにする効果的な英語学習法

英語学習法に関する書籍は多数あります。**本書の特徴は、筆者の専門である第二言語習得研究 (second language acquisition research) の成果をもとに、効果的と思われる英語学習法を提示している点にあります。**「第二言語習得研究」とは、応用言語学の一分野であり、外国語を学習するプロセスの解明を目指す研究領域です。[3]

第二言語習得研究の進展により、外国語の効果的な学習法に関して、明らかになりつつあります。本書を執筆するにあたっては、多くの研究を参照し、現時点で最も効果的と考えられる英語学習法を紹介するように努めました。

「オンラインツールやAIを活用する」

本書のもう1つの特徴は、英語学習に役立つインターネット上のツールや、AI（人工知能）ツールを積極的に取り上げている点にあります。筆者はアメリカの出版社 Wiley から発行された百科事典 Encyclopedia of Applied Linguistics で、外国語の語彙学習に役立つオンラインツールに関する項を執筆するなど、コンピュータを使用した外国語学習に関する研究も行っています。[4] この知識を生かし、本書では英語学習に役立つオンラインツールを多数紹介しています。

また、機械翻訳ソフトウェア DeepL 翻訳（https://www.deepl.com/ja/translator）や ChatGPT（https://chat.openai.com/chat）など、AI は近年めざましい飛躍を遂げています。英語学習においても、AI を活用することで学習効果を大きく高められるでしょう。

AI の有用性をふまえ、本書では ChatGPT はもちろん、DeepL Write（https://www.deepl.com/write）、QuillBot（https://quillbot.com）、ELSA Speak（https://jp.elsaspeak.com）など多くの AI ツールを活用し、英語力を伸ばす方法を提案しています。

第二言語習得研究と AI の二刀流で、今度こそ英語学習を成功させましょう。

本書の構成

本書は9章で構成されます。第1章では、英語を学習する上でおさえておきたい英語学習の原則を紹介します。

第2章～第5章では、英語力の基盤となる単語・定型表現・文法・発音の学習法を紹介します。第6章～第9章では、英語の4技能、すなわち、リーディング、リスニング、ライティング、スピーキングの学習法を紹介します。

本書を読む上では、まず第1章を読むことをお勧めします。第1章で紹介している原則をおさえることで、効果的な英語学習が可能になります。また、第1章では、「宣言的知識と手続き的知識」「言語重視学習と意味重視学習」「転移適切性処理説」「流暢性」など、本書の鍵となる概念を導入しています。これらのキーワードは、第2章以降も繰り返し登場します。第1章を読んでから第2章以降を読むことで、本書をより深く理解できるでしょう。

第2章以降に関しては、興味がある箇所から読んでいただいて問題ありません。例えば、英単語力に自信がない方は第2章、文法の効果的な学習法を知りたい方は第4章、スピーキングを伸ばしたい方は第9章からご覧ください。

本書が皆さんの英語学習の一助となることを願っています。

contents

本書の内容は2023年8月時点のものです。

第1章

英語学習の原則

効果的な英語学習法について紹介する前に、本章では英語を学ぶ上でおさえておきたい英語学習の原則を紹介します。

具体的には、「宣言的知識と手続き的知識」「言語重視学習と意味重視学習」「転移適切性処理説」「流暢性」など、本書の鍵となる概念について解説します。これらのキーワードは、第2章以降も繰り返し登場します。本章を読んでから第2章以降を読むことで、本書をより深く理解できるでしょう。

1

大人になってからではもう手遅れ？

「英語を学ぶなら早ければ早いほど良い。大人になってからではもう手遅れだ」とお考えの読者もいらっしゃるかもしれません。

しかし、これまでの研究では、**「大人よりも子どもの方が言語を簡単に身につけられる」という結果は必ずしも得られていません。**

例えば、英語を母語とする子どもは、4歳くらいまでに英語の基本的な文法知識を習得するといわれています。英語に触れている時間を1日あたり12時間と控えめに見積もったとしても、17,520時間（12時間×365日×4年）かかる計算になります。[1]一方で、成人の学習者が外国語の話される環境に住んだ場合、3,120～4,160時間くらいで高度な外国語能力を身につけられるという推計があります。[2]この結果は、大人の方が子どもよりも、4.2～5.6倍（17,520 / 4,160＝4.2; 17,520 / 3,120＝5.6）も速いペースで言語を身につけられることを示唆しています。

つまり、「大人よりも子どもの方が簡単に言語を習得できる」どころか、**子どもが言語を身につける速度は大人の何倍も遅いのです**。それでは、なぜ我々は子どもにとって言語習得は簡単だと錯覚してしまうのでしょうか？

一つの理由は、子どもと大人では言語力に関する期待値が違うからでしょう。自分の子どもが、I want to eat strawberry ice cream.（いちごのアイスクリームが食べたい）やI like Mommy and Daddy.（ママとパパが好き）などの英語を話すと、「うちの子ども、英語喋れる！　SUGEEEE!」と感心してしまう親御さんは多いでしょう。

一方で、40歳を過ぎた大人がI want to eat chocolate ice cream. やI like Anna and Elsa. と言っても、「すごい、英語喋れる！」と感心されることはおそらくなく、「この人、いい歳して何言ってんだ…？」と思われるのがオチでしょう。大人であれば時事問題や政治・経済など、より高度なトピックに関して話すことが期待されているからです。

また、文法や発音の間違いも子どもならあまり気にならないものです。子どもの場合、母語でも文法や発音を間違うことは珍しくありません。例えば、筆者の娘は2歳くらいの時、「ちっちゃいね」の代わりに「ちっちゃいだね」、「バナナむいて」の代わりに「バナナむけて」、「ピクニック」の代わりに「ニクニック」と言っていましたが、このような間違いにいちいち目くじらを立てる親はいないでしょう。言語習得の発達段階にある子どもが間違いをするのは、当然だからです。

しかし、大人が文法や発音を間違うと、「あの人、いい歳して3単現の -s も知らないの？」「あの人、今I think をI sink って言った。何で沈んでんの」などと否定的にとらえられてしまうかもしれません。

このように、子どもと大人では言語能力に関する期待値が違い、**子どもに関しては低いハードルを設定することが多いため、我々は子どもの言語力を過大評価しがちです。**そのため、「子どもはいとも簡単に言語を身につけられる」と錯覚してしまうのでしょう。

読者の中には、「自分の子どもには英語で苦労させたくないので、英会話スクールに通わせたい」という方もいらっしゃるかもしれません。しかし、言語習得には多大な時間がかかることを考えると、1週間に数時間程度英会話スクールに通わせるだけでは、残念ながら大きな成果は望めないでしょう。

大人になってからでは英語は身につかないか？

すでに述べた通り、子どもだからといって言語を簡単に身につけられるわけではなく、膨大な時間がかかります。しかし、大人よりも子どもが優れている点もあります。それは、その言語が話されている環境で生活した場合、「子どもの方が大人よりもはじめは習得に時間がかかるが、**最終的には子どもの方が大人を追い抜く**」ということです。つまり、学習速度（rate of learning）と最終的な到達点（ultimate attainment）を区別する必要があります。

例えば、英語圏に移住した年齢と英語力の関係を調べた研究では、10代の中盤〜後半頃までに英語圏に移住すれば最終的には母語話者とそん色のない文法力を身につけられるものの、それ以降に移住すると母語話者と同程度の文法力を獲得するのはきわめて困難になることが示されています。発音に関してはさらに早く、2～3歳頃までに英語圏に移住しないと、ある程度の訛(なま)りが残ってしまうようです。[3]

このような研究結果をふまえると、英語学習を始めるのは「早ければ早い方が良い」（The earlier, the better.）と思ってしまうかもしれません。しかし、これらの研究は、あくまでも英語圏に移住した年齢の影響を調べたものであり、日本のような非英語圏における英語学習では、「早ければ早い方が良い」とは限りません。

ドイツ・スペイン・スイスなどの**非英語圏では、英語学習を遅く始めた方が、早期に開始するよりも最終的には高い英語力に結びついた**という正反対の研究結果が得られています。[4]

例えば、スペインで行われた研究によると、8歳から英語学習を始めたグループよりも、11歳で始めたグループの方が、高い英語力を身につけたと言います。[5]同じく、ドイツの小学生を対象に行われた研究では、小学校7年生（8～9歳）で英語学習を始めたグループの方が、小学校5年生（6～7歳）で始めたグループよりも、高い英語力に結びついたと報告されています。[6]その理由としては、**年齢が低いと英語を教科として学ぶだけの認知的能力が発達していない**（例：英語の文法ルールを明示的に説明されても理解できない）ことが考えられます。日本の小学校英語教育の成果も、きわめて限定的であることが研究から示されています。[7]

ちなみに、小学校〜大学までを有する日本の某一貫校では、1980年代から小学校での英語授業が行われていました。大学入学時に英語のプレイスメントテスト（クラス分けのためのテスト）が行われるのですが、小学校から**エスカレーターで大学まで進んだ学生は、大学では一番上か一番下のクラスに割り振られることが多いようです。**小・中・高と12年間同じ英語教育を受けていても、英語が得意な学生とそうでない学生に二極化するというのは興味深いですね。早期英語教育を受けていたとしても、最終的に英語が身につくかどうかは結局本人の関心や努力次第ということでしょう。

早期英語教育の効果に関する研究は、「英語を始めるのは早ければ早い方が良い」という俗説が、日本のような非英語圏ではあてはまらないことを示唆しています。中学校以降に英語を学習し始めても、高度な英語力を身につけることは可能です。本書を参考に英語学習を継続すれば、大人になってからでも遅くありません。

2 「ネイティヴ英語」を目標にすべきではない

「ネイティヴ・スピーカー（母語話者）のように英語を話せるようになりたい」と夢を抱く方は多いかもしれません。しかし、前項で述べた通り、2歳～10代後半頃までに英語圏に移住しないと、母語話者のような英語力を習得するのはきわめて困難になることが示されています。

でも、悲観する必要はありません。これまでの研究では、**母語話者のような英語力がなかったとしても、英語を十分に使いこなせる**ことが示唆されています。

例えば、成人の英語母語話者は2万程度の英単語を知っていると言われていますが、映画や会話などの話し言葉は6,000～7,000語程度、小説・新聞などの書き言葉は8,000～9,000語程度[8]知っていれば理解できます（詳細は第2章を参照）。[9]文法に関しても、映画で使われている文法事項の多くは日本の中学校で習うものであり、高校で習う文法事項はほとんど使用されていなかったという研究があります。さらに、大学入試問題の約80％が中学英文法の知識だけで解答できるという報告もあります。[10]これらの研究結果を考慮すると、**母語話者のような英語力を目標とすることは、現実離れしているだけでなく、その**

必要性もないといえます。

「ネイティヴ英語」を目指すべきでない理由は他にもあります。英語は今日事実上の国際的な共通語として用いられており、外国語として英語を話す人の方が、母語として話す人よりもはるかに多いと推定されています。非母語話者が主流で母語話者が少数派なわけですから、ネイティヴ・スピーカーのような英語力を目指すのは時代遅れでしょう。非母語話者が母語話者に近づこうとするだけでなく、母語話者が非母語話者の英語を尊重し、それを理解しようと歩み寄ることも必要です。

とはいえ、日本語訛りの発音にコンプレックスがあり、「母語話者のようなきれいな発音で話したい」という憧れを持っている学習者は少なくないようです。しかし、これまでの研究では、訛りが強いからといって、伝わりにくくなるとは限らないことが示されています（詳しくは第5章「発音」をご覧ください）。[11]

また、「母語話者のように英語が話せれば、コミュニケーションには困らないだろう」と考えがちですが、母語話者でも意思疎通がうまくいかないことは珍しくありません。筆者はニュージーランドの大学院に留学していましたが、「アメリカの会社に電話をかけたが、こちらの発音が通じず困った」とニュージーランドの方が言っていたのを聞いたことがあります。

一口に「英語」と言っても、米国・カナダ・英国・オーストラリア・ニュージーランド・インド・シンガポール・南アフリカ英語など、様々な変種があります。また、日本語にも方言があるように、同じ国内でも多くの異なる英語があります。そのため、母語話者同士でも誤解が生じるのは珍しくありません。

発音だけでなく、語彙の違いが原因で誤解が生まれることもあります。例えば、「消しゴム」のことを米国では eraser と言いますが、英国やニュージーランドでは rubber と言います。ニュージーランドの学校に通っていたアメリカ人の生徒が、クラスメイトから Have you got a rubber?（rubber 持ってる？）ときかれて、困惑したという話を聞いたことがあります。**rubber には「（ゴムで出来た）避妊具」という意味もあるからです。**

このように、**発音や語彙の違いにより、母語話者同士でも誤解が生じることは珍しくありません。**皆さんも、同じ日本語で話しているのに意思疎通がうまくいかなかった経験をされたことがあるのではないでしょうか。

筆者自身の体験談をお話しします。数年前、新型コロナウイルス感染症のワクチン接種（1回目・2回目）を電話で予約していた時の話です。

新型コロナのワクチンは、1回目と2回目をセットで予約するのが原則でした。近所のクリニックに片っ端から電話したものの、接種希望者が殺到し、なかなか予約できません。やっと1軒、予約できそうなところが見つかりましたが、「うちは小さいクリニックなので、2回目のワクチンがどのくらい確保できるか現時点では不明です。1回目は予約をおとりできますが、

2回目の予約はとれません。よろしいですか？」ときかれました。

状況が状況だったので、藁にも縋る思いで「大丈夫です」と答えました。すると「はい、ではまた」と言われ、なんと電話を切られてしまいました。

こちらは、「2回目の予約はとれなくても大丈夫です」という意味で「大丈夫です」と言ったのですが、「予約をとらなくても大丈夫です」という意味だと誤解されてしまったようです。仕方がないので、数分後に同じクリニックに電話をかけ直し、声色を変え、別人のふりをして再度予約に挑戦しました。「2回目の予約はとれないかもしれません。よろしいですか？」と聞かれた際に、「よろしくお願いしま〜〜〜す！！」とかなり食い気味で意思表示をしたところ、ようやく予約がとれました。

このように、母語話者同士がコミュニケーションをしていても、意思疎通がうまくいかないのは日常茶飯事です。**ですから、母語話者を神格化し、「ネイティヴのように英語を話せれば、何不自由なくコミュニケーションがとれるのに」と母語話者を目指すことにあまり意味はないでしょう。**

「英語圏でスパイとして働きたいので、日本人であることがばれるとまずい」といった特別な事情があるのであれば、母語話者を目標にしても良いでしょう。それ以外の大多数の学習者は、母語話者レベルを目指す必要はありません。[12]

Never make fun of someone who speaks broken English. It means they know another language.（片言の英語を話す人を馬鹿にしてはいけない。彼らは別の言語が話せるということだから）[13]という名言も

あります。自分のことを「英語が不十分にしか使えない非母語話者」ではなく、「日本語に加えて英語も使用できる複数言語使用者」とポジティブにとらえましょう。

なお、「母語話者」(native speakers) や「非母語話者」(non-native speakers) という用語には差別的なニュアンスがあるため、代わりに英語の「第一言語使用者」(L1 users) や「第X言語使用者」(LX users) などの用語を使うべきだという意見もあります。[14]問題が指摘されていることも事実ですが、本書では便宜上「母語話者」「非母語話者」という用語を用いています。

英語を学ぶ「目的」が目標や学習法を決める

英語圏でスパイとして活躍したい一部の方を除き、母語話者レベルを目指す必要はありません。それでは、一般の学習者はどのくらいのレベルを目指すべきなのでしょうか？

この質問の答えは「なぜ英語を身につけたいかによる」となります。「英語を身につけたい」と一口に言っても、英語圏に旅行した際に不自由しないレベルの日常的な会話力をつけたい、英語圏の大学で専門的な内容について学べるレベルの学術的な英語力を身につけたいなど、目的は様々でしょう。

目的が異なれば、求められる英語力のレベルや、適する学習法も異なります。例えば、日常的な会話力を身につけさえすれば良いのであれば、3,000語程度の語彙力があれば十分でしょう。一方で、英語圏の大学に留学して、専門的な知識を身につけたいのであれば、10,000語くらいの語彙力が求められるでしょう。日常会話だけできれば良いのに、10,000もの単語を学ぶのは合理的ではありません。

さらに、英語のスキルは、リスニング（聴くこと）・リーディング（読むこと）・スピーキング（話すこと）・ライティング（書くこと）の4技能に分けられます。この4技能は、(1)「音声言語と筆記言語」、(2)「受信と発信」という2つの軸で分類できます。それぞれの技能について、どのくらいのレベルを目指したいのか、あらかじめ明確にしておきましょう。

		受信 vs 発信	
		受信	発信
音声 vs 筆記	音声言語	リスニング（聴くこと）	スピーキング（話すこと）
	筆記言語	リーディング（読むこと）	ライティング（書くこと）

まず、(1) 音声言語と筆記言語という軸について考えます。音声言語にかかわる技能はリスニングとスピーキングで、筆記言語にかかわる技能はリーディングとライティングです。

読み書きが重視された学校英語への反動からか、「英会話ができるようになりたい」と考えている方が多いようです。しかし、**インターネットやSNS（英語ではSNSではなく、social media**

と言うのが一般的です）の普及により、読み書き能力の重要性は以前にも増して高まっています。グローバル時代においては、音声言語よりも、筆記言語の学習を重視した方が良いかもしれません。

次に、(2) 受信と発信という軸についてです。「受信」とは英語を理解する能力で、具体的にはリスニングとリーディングを指します。一方で、「発信」とは英語をアウトプットする能力で、スピーキングとライティングから構成されます。

「英語で発信できるようになりたい」と思っている方が多いかもしれませんが、高度なスピーキング力やライティング力は本当に必要でしょうか？　**英語の受信力さえあれば、英語の映画・TV番組・YouTubeなどを楽しんだり、英語のWebサイトを読んだりして、人生を豊かにできます。**

確かに、英語で自分の意見を発信できたらカッコいいでしょう。しかし、すでに述べた通り、英語学習には膨大な時間がかかります。なんとなく「カッコよさそうだから」という理由で、多大な時間とお金を投資してまで英語の発信力を身につけることは本当に必要でしょうか。「グローバル化が進んでいるから、これからの時代は英語を話せないと良い仕事につけない」と言われることもありますが、仕事で英語を頻繁に使う人は日本人全体の数パーセントしかいない、というデータもあります。[15]

もちろん、「自分は趣味で英語学習をしているだけなので、現実的な目標は考えない」「英語ができたらカッコいい、モテる、だから極めたいだけだ。文句を言うな」という個人個人の思いは否定しません。

ただ同時に、**英語を学習する目的を明確にしていないと、英語業界の宣伝文句に踊らされ、必要もない技能の習得に貴重な時間やお金を費やしてしまう可能性があることもまた事実です。**

「自分は英語の読み書きができれば仕事には十分だから、筆記言語の学習を頑張って、音声言語は後回しでいいや」「英語は情報収集のために使うのがメインだから、自分は受信力に特化して、発信力は無理に伸ばさなくていいや」と割り切って、ひとまず現実的な目標を立てるのも一案です。

受信力がある程度身についた後に、発信力をつける必要が生じたら、そこではじめて発信力の訓練に重点を移すのも良いでしょう。地道に受信力を身につけていれば、その力が基盤となり、発信力の習得も下支えしてくれるでしょう。

3 「コミュニケーション」＝「英会話」ではない

英語学習に関する目標として、「英語でコミュニケーションがとれるようになりたい」という方も多いかもしれません。ところで、「コミュニケーション」とは具体的に何を指すのでしょうか。

「コミュニケーション」は「英会話」と同義とみなされることが多いようです。例えば、Google 画像検索（https://images.google.com）で「英語　コミュニケーション」と検索すると、英語で談笑している画像が多くヒットし、「コミュニケーション」は「英会話」と深く結びついていることが想像できます。

しかし、「コミュニケーション＝英会話」という図式は、必ずしも正しくありません。その理由は、2つあります。

第1に、「コミュニケーション」には音声言語によるやりとりだけでなく、筆記言語によるやりとりも含まれるからです。近年ではインターネットやソーシャルメディア（LINE, Instagram, Facebook など）の普及により、書き言葉を用いて意思疎通する機会が増えてきたため、筆記言語は重要性を増しつつあります。海外の取引先と英語で電子メールを交わし、仕事をされている方も多いでしょう。

筆記言語を用いてメッセージのやりとりをすることも、コミュニケーションの立派な一形態です。コミュニケーションには音声によるものと筆記によるものがあるため、「コミュニケーション＝英会話」という図式は正しくないのです。

第2に、「コミュニケーション」にはメッセージの発信だけでなく、理解も含まれます。例えば、英語によるTED Talksを聞いて、「この人は何を言おうとしているのかな？」と理解したり、英語で書かれた文書を読み、「この文書には何が書かれているのかな？」と解釈したりすることも、コミュニケーションの一種です。[16]つまり、コミュニケーションは発信を伴うとは限らず、受信もコミュニケーションに含まれます。

「グローバル化が進んでいるから、英語のコミュニケーション能力をつけることが必要だ。だから、文法や読解中心の受け身の英語教育はやめて、英会話力を高めるべきだ」とよく耳にします。しかし、

(1) コミュニケーションには音声言語だけでなく、筆記言語によるやりとりも含まれる
(2) コミュニケーションにはメッセージの発信だけでなく、受信も含まれる

ということを考慮すると、**「コミュニケーション＝英会話」と**

いう図式は短絡的です。

「英語によるコミュニケーション能力をつけるには、英会話力が必要だ」といった誤解に基づく煽りに振り回されずに、「自分には本当に英会話力が必要なのか」を冷静に考えましょう。

前項で述べた通り、「自分は英語の読み書きができれば十分だから、英会話力は必要ない」「英語は情報収集のために使うのがメインだから、発信力は必要ない」という判断も、場合によってはありえますし、尊重されるべきです。

（かくいう私は米国出身の妻の日本語力が限定的なため、家庭内では英語の使用を余儀なくされています…。）

4 「英語はネイティヴに習った方が良い」とは限らない

「ネイティヴ・スピーカー講師から授業が受けられる」ことを売りにした英会話スクールは多くみられます。その背景にあるのは、「英語はネイティヴ・スピーカーに習った方が良い」という信念でしょう。しかし、これまでの研究をふまえると、そのような信念は必ずしも正しくないようです。

その最大の理由は、**母語話者であるからといって、その言語についてうまく説明できるとは限らないことです。**専門的な話になりますが、言語に関する知識は、「宣言的知識」(declarative knowledge)と「手続き的知識」(procedural knowledge)とに分けられます。宣言的知識とは、言葉で説明できる知識のことです。例えば、「複数形の名詞を作るには、単数形の語尾に -s をつける」などの知識は、宣言的知識の一種です。一方で、手続き的知識とは、実際に何かができることを指します。例えば、英作文で複数形の名詞を実際に使える場合、この文法事項に関する手続き的知識があると言えます。

宣言的知識 (declarative knowledge)	言葉で説明できる知識のこと。 例）「複数形の名詞を作るには、単数形の語尾に -s をつける」
手続き的知識 (procedural knowledge)	実際に何かができること。 例）英作文で複数形の名詞を実際に使える。

注）不規則な複数形を持つ名詞（例：child の複数形は childs ではなく children）もありますが、ここでは単純化した規則を示しています（第4章も参照）。

英語の授業では、まず複数形や過去形に関する文法ルールを明示的に教えることが多いでしょう。これは、宣言的知識を教えていることになります。その後、文法ドリルなどの練習を通して、そのルールが実際に使える状態を目指します。これは、手続き的知識の習得を目指しているといえます。

外国語学習者の場合、優れた宣言的知識を持っていても、手続き的知識には結びついていないことが多いようです。例えば、「複数形の名詞を作るには、単数形の語尾に -s をつける」というルールは知っているけれど、英語を話したり書いたりする際には、つい -s をつけ忘れてしまうことは珍しくありません。この場合、複数形の -s に関する宣言的知識はあるものの、手続き的知識の習得が不十分といえます。

一方で、**母語話者の場合、手続き的知識を持っていても、宣言的知識を持っていないことが多くあります。**例えば、「仮定法過去と仮定法過去完了のルールについて説明してください」と言われて、即答できる英語の母語話者は多くないでしょう。しかし、実際の会話や英作文では、彼らは問題なく仮定法を使えます。つまり、仮定法に関して手続き的知識を持っていても、宣言的知識を持っていないのです。

このような現象は、何も英語の母語話者に限った話ではありません。日本語でも、「『食べる』という動詞は五段活用ですか？　下一段活用ですか？」「『楽しい』と『うれしい』はどう違いますか？」「『は』と『が』はどう違いますか？」ときかれて、即答できる人は多くないでしょう。しかし、このような質問に答えられなくても、日本語母語話者であれば、「食べる」を正しく活用し、「楽しい」と「うれしい」を使い分け、「は」と「が」を適切に使いこなせます。

ここまでの説明でおわかりの通り、母語話者の多くは、母語について手続き的知識を持っていても、宣言的知識を持っていないことが多くあります。もちろん、言語学や言語教育について専門的なトレーニングを受けた母語話者であれば、十分な宣言的知識を持っていることもあるでしょう。しかし、英会話スクールで教えている講師の中には、英語教育とは関係のない分野で大学を卒業し、ごく短期間のトレーニング（例：3日〜1週間程度）を受けただけで教壇に立つ人も珍しくないようです。[17]

ですから、「分詞構文のルールを教えてほしい」「不定詞の用法について教えてほしい」と希望するのであれば、**母語話者ではない英語教員の方が適切に答えてくれる可能性が高いでしょう。**母語話者であるからといって、その言語についてうまく説明できるわけではないため、「英語はネイティヴ・スピーカーに習った方が良い」とは限らないのです。

さらに、英語を外国語として苦労して身につけた経験がある非ネイティヴ講師の方が、英語を母語として自然に身につけたネイティヴ講師よりも、**実体験に基づいた的確なアドバイスができることがあります。**

だからといって、母語話者から英語を習うのがまったく無意味なわけではありません。例えば、「ネイティヴ講師は英会話の練習相手と割り切って、文法に関する説明は非母語話者の講師にしてもらう」などの**棲み分けをすれば、両者の強みを生かせるでしょう。**

英語を母語話者から学ぶことの利点と欠点をふまえ、「講師は全員ネイティヴ・スピーカー」といった宣伝文句に惑わされないようにしましょう。

ネイティヴが正しく使えない文法項目もある

ここまで、「母語話者の多くは、母語について手続き的知識を持っていても、宣言的知識を持っていない」という前提でお話ししてきました。しかし、複雑な文法項目については、母語話者はいずれも持っていないことがあります。例えば、英語母語話者にとって、who と whom の使い分けは難しいようです。

Brooklyn Nine-Nine というアメリカの sitcom（シチュエーションコメディ）では、次の会話がありました。

Jake What I want is to apologize to my girlfriend, who I hurt.
（僕の望みはガールフレンドに謝ることなんだ。傷つけてしまったから）

Amy It's *whom*.
（who じゃなくて、whom よ）

Jake Why does the word *who* even exist if you're not allowed to say it?
（口に出していけないのなら、なんで who なんて単語が存在するんだ？）

上のセリフから、who と whom の使い分けに関して、手続き的知識もなければ（＝正しく使い分けできない）、宣言的知識も持っていない（使い分けに関するルールも説明できない）母語話者が少なからずいることが推測できます。

アメリカの sitcom である Friends では、who と whom の使い分けについて、以下のようなセリフもあります。

Monica Oh, I know! Umm, is it because he's always correcting people's grammar? *Whom*! *Whom*! Sometimes it's *who*!
（あ、わかった！　あの人がいつも他人の文法を訂正するから怒ってるの？　whom だ、whom だって。でも、who で良い時だってあるのよ！）

上で引用した Brooklyn Nine-Nine と Friends のセリフは、俳優が台本通りに話しているだけであり、自然な発話ではありません。しかし、このようなジョークは、**「who と whom の使い分けは難しい」という認識が英語話者の間で一般的であるからこそ成立しています。**[18]

日本語の母語話者であっても、「私では役不足ですが、頑張ります」と言ってしまったり（正しくは力不足）、「気がおけない」を「信用できない」という意味で使ってしまったり（本来は「遠慮や気遣いをしなくて良い」という意味）、「情けは人の為ならず」を「他人に情けをかける事は、結局はその人のためにならない」という意味で使ってしまったりする（本来は「他人に情けをかければ、巡り巡って自分に良い報いが返ってくる」という意味）のと同じようなものでしょう。

このように、母語話者であったとしても、宣言的知識はもちろん、手続き的知識も持っていない言語項目もあります。**「ネイティヴ・スピーカー講師」に過度な期待は禁物です。**

5

「日本人は世界に名だたる英語下手」ではない

新聞や雑誌などのメディアでは、「日本の英語力はアジア最下位」「諸外国の中で最低クラス」といったセンセーショナルな見出しが定期的に躍ります。「中学・高校と6年間も英語を勉強したのに、英語が話せるようにならなかった」といった不満もよく耳にします。しかし、**日本人が本当に世界に名だたる英語下手であるかどうかは、疑わしいところがあります。**

「日本人の英語下手」を煽る記事では、TOEFLなど、英語試験の国別ランキングを引用するのが定番です。しかし、**これらのランキングをもとに英語力を比較するのは不適切です。**

その理由は、英語試験の受験者は日本人全体の英語力を代表しているとは限らないためです。例えば、日本の大学生の英語力を調べたいとしましょう。最も確実な方法は、日本の大学生全員に英語のテストを受けてもらうことです。しかし、日本に存在するありとあらゆる大学の全学生に同じテストを受けてもらうのは、時間的・金銭的な制約から現実的ではありません。

より現実的な策としては、全国の大学生から無作為に一部を抽出し、その試験結果から大学生全員の英語力を推定する方法が考えられます。ここで重要なのは、英語があまり得意ではない学生から、かなり得意な学生まで幅広く調査対象とする必要があるということです。例えば、日本の大学生全員の英語力を推定したいにもかかわらず、東大生や京大生ばかりからデータを収集したとしたら、その結果は日本の平均的な大学生の実態とはだいぶかけ離れたものになるでしょう。

同じ理由で、TOEFL など英語試験の国別スコアから、その国全体の英語力を推定するのも不適切です。TOEFL は英語圏（特に北米）の大学や大学院に留学するための英語力があるかを測定するためのテストです。そのため、TOEFL をわざわざ受験するのは、英語に関心があり、比較的高い英語力を持っている層に限られるでしょう。そのため、TOEFL スコアの平均点は、その国の平均的な英語学習者の実情とはかけ離れている可能性があります。

また、TOEFL は受験料が非常に高額（2023年時点で245米ドル）であることにも留意すべきです。国民の平均所得が低い国であれば、TOEFL のような高額な英語試験を受けるのは、金銭的に恵まれたごく一部のエリートだけでしょう。国によって主な受験者層が異なる（＝一部のエリートしか受けない国もあれば、そうでない国もある）ため、国ごとの平均点を比較することにはあまり意味がありません。**日本の中堅大学に通う学生の英語力と、海外のトップ大学の学生の英語力を比較して、「日本の大学生の英語力は低すぎる！　日本の英語教育は改善すべきだ！」と騒いでいるようなものです。**

英語には、compare apples and oranges という表現があります。

文字通りには「リンゴとオレンジを比べる」という意味ですが、「本来比べようがないものを無理に比べる」という意味の定型表現です。国別のTOEFLスコアを比較するのも、まさにリンゴとオレンジを比べているようなものです。「リンゴの皮はオレンジよりも薄い」「オレンジの方がリンゴよりもビタミンCが豊富だ」などと両者の違いを色々と指摘することはできるでしょうが、そのような比較から有益な示唆が得られるかというと、はなはだ疑問です。

近年ではTOEFLだけでなく、EF Education First社のEPI（English Proficiency Index）という指標が引用されることもあります。EF EPIランキングは「世界最大の英語能力指数ランキング」と謳われており、新聞などの大手メディアでもよく取り上げられます。[19]しかし、TOEFLと同じように、受験者が無作為抽出されておらず、「その年にたまたまEF EPIテストを受けた人」の英語力の指標にすぎません。そのため、EF EPIランキングを元に、その国の平均的な学習者の英語力を推定するのもやはり不適切です。TOEICやIELTSなど、他の英語試験も同様です。

日本人の英語力が低いのはなぜ？

それでは、日本人の英語力の実態はどのくらいなのでしょうか？　寺沢拓敬氏（関西学院大学）は、**「『日本人』の英語力が国際的に見て低いレベルにあることは事実だが、日本だけが突出して低いわけではなく、東アジアや南欧の国々も日本と同水**

準である」(寺沢、2015、p. 72) と述べています。[20]

平均的な日本人の英語力が、世界的に見て低いレベルにあることには、いくつかの理由があります。その理由の1つは、英語の社会的な位置づけです。日本より英語力が高いアジアの国としては、シンガポールが代表的です。しかし、シンガポールでは英語が公用語の1つですから、シンガポール人の英語力と日本人の英語力を比較するのもやはりapples and orangesです。シンガポールに限らず、英米に統治された歴史を持つ国では、現在でも英語が公用語やそれに準ずるものとして使われていることがあります。一方で、日本では英語はあくまで外国語の1つにすぎません。**日本では日常生活で英語に触れる機会がほとんどないわけですから、日本人の英語力があまり高くないのも、無理はないでしょう。**

2つ目の理由は、英語と日本語の言語的な相違です。[21]例えば、英語の母語話者にとって、スペイン語・イタリア語・オランダ語などヨーロッパ系言語は比較的簡単に習得できる一方で、アラビア語・中国語・韓国語・日本語などは習得に多くの時間がかかることを示すデータがあります。[22]この結果は、**母語と言語的に距離が近い（＝共通点が多い）外国語の方が、そうでない言語よりも習得が容易であることを示唆しています。**

ヨーロッパ系の言語を母語とする学習者にとって、英語の習得は比較的容易です。フランス語・ドイツ語・スペイン語などを学習された経験のある方は、英語との様々な類似点に気づかれたことでしょう。これらの言語は歴史的にも英語と結びつきが強いため、母語の知識が学習に役立つことが多いのです。日本語話者が中国語を学ぶときに、漢字の知識が役立つことがあるのと同じです。

一方で、日本語と英語はかなり距離の離れた言語で、相違点が非常に多くあります。例えば、「英語ではアルファベットが使われるが、日本語はひらがな・カタカナ・漢字を使う」「英語には冠詞があるが日本語にはない」「英語では可算名詞と不可算名詞を区別するが、日本語では区別されない」「英語には前置詞があるが、日本語にはない」「英語の基本的な語順はSVOだが、日本語ではSOVである」など、枚挙に暇がありません。このような事情を考えると、日本人の英語力が世界的に見て低い方に位置するのも無理はないでしょう。

今でこそ英語は国際的な言語としての地位を確立していますが、今後も英語の覇権が続くとは限りません。**もし、数十年後、英語に代わって中国語が国際的な共通語となったとしたら、漢字の知識が生かせる日本人は、「世界に名だたる外国語達人」として注目を集めているかもしれません。**そして、「日本人はなぜこんなに外国語が得意なのか」「日本の外国語教育はなぜこんなに成功しているのか」という秘訣を探るため、世界各国から日本に視察団が押し寄せているかもしれません。

ちなみに、日本では「中学・高校と英語を6年間も学んだのに、ちっとも身につかなかった」とよく聞きますが、このような不満は日本に特有ではありません。第二言語習得の分野で著名な研究者であるパッツィ・ライトバウン氏（コンコーディア大学）は、**「フランス語を6年学んだのに朝食も注文できないという不満は、英語圏でよく聞かれる」と述べています。**[23]外国語に苦手意識を抱えているのは、日本人だけではないのですね。
　TOEFLなどの英語試験のスコアランキングを引用した、

日本の英語力はアジア最下位！　諸外国の中で最低クラス！
→ 日本の英語教育は間違っている！
→ だから日本の英語教育は改善すべきだ！

といった報道は、半ばお約束となっています。しかし、すでに述べた通り、日本人の英語力が突出して低いというデータはありません。
　同時に、日本人の英語力が非常に高いわけではないのも事実です。しかし、その大きな理由としては、日本における英語の社会的な位置づけや英語と日本語の言語的距離が考えられ、日本の英語教育が失敗しているからではありません。
「日本人は英語下手だから、努力してもどうせ身につかないだろう」と卑屈になる必要はありません。同時に、「中学・高校と英語を6年間も学んだのに、ちっとも身につかなかったのは日本の英語教育が間違っているからだ」と、責任転嫁するのも不適切です。
　日本の英語力が「諸外国の中で最低クラス」「アジア最下位」といった**センセーショナルな報道に惑わされることなく、今まで受けてきた英語教育を信じて、地道に学習を続けましょう。**

6

明確な目標がない方にお薦めの学習法

「(2)『ネイティヴ英語』を目標にすべきではない」で述べた通り、英語を学ぶ上では、「英語で読み書きができるようになりたい」「英語で映画やTV番組を理解できるようになりたい」など、明確な目標を持つことが重要です。

しかし、「大学受験のために、英語力を総合的に伸ばしたい」「現時点では明確な目標はないけれど、いつか仕事で英語が必要になるかもしれないので、英語力を全体的に伸ばしておきたい」という方もいらっしゃるでしょう。そのような方のために、**英語の総合力を伸ばすのにお薦めの学習法を紹介します**(明確な目標がある方にもぜひ使っていただきたい学習法です)。

この学習法は、拙著『英語は決まり文句が8割 今日から役立つ「定型表現」学習法』(講談社)で、「4技能同時学習法」として紹介したものです。拙著では「英語の定型表現を身につける上でお薦めの学習法」として紹介しましたが、定型表現に限らず、英語の総合力を高める上で有益な学習法です(なお、「定型表現」の詳細に関しては、第3章をご覧ください)。

「4技能同時学習法」を行う上では、まず以下の条件を満たす教材を用意します。

(1) 30秒〜1分程度の英語音声が付属している。
(2) スクリプト（英文の書き起こし）が付属している。
(3) スクリプトの和訳が付属している。

注）『英語は決まり文句が8割 今日から役立つ「定型表現」学習法』（講談社）より。

具体的には、NHKのラジオ講座がお薦めです。上の(1)〜(3)に加えて、NHKラジオ講座には、「平日に毎日放送されているため（一部の番組を除く）、学習のペースメーカーになる」という利点があります。市販の教材やインターネット上の動画を使用しても良いですが、これらの教材はいつでも好きな時に好きなだけ学習できる反面、定期的な学習習慣を身につけるのが難しいという欠点があります。つまり、「いつでも好きな時に好きなだけ学習できる」という利点は、「結局いつまでも学習しない」という危険性と隣り合わせです。

毎日の学習時間をきちんと管理し、定期的に学習できるという強い意志がある方であれば、それでも問題ないでしょう。それ以外の方は、ラジオ講座のスケジュールに従えば、何も考えないでも定期的な学習習慣を身につけられるのでお薦めです。NHKラジオ講座は、「NHKゴガク」アプリ（iOS・Android対応）を使用すれば、ラジオがなくても聴くことができます。

ラジオ講座の代わりに、定期的に更新されるWebサイトや、定期的に配信されるYouTube・ポッドキャストなども、学習習慣を身につけるのに役立ちます。

先ほどの条件(1)～(3)を満たす教材を準備した後は、以下のステップ1～5に沿って学習します。

● リスニングの学習

ステップ1 スクリプトを見ずに音声を聞く。聞き取れない箇所があってもすぐにスクリプトを参照せず、その箇所のみを何度も聞き直し、なるべく自力で聞き取れるように挑戦する。

ステップ2 スクリプトを見て、聞き取れていたかを確認する。聞き取れなかった箇所があったら、その部分に赤線を引いたり、蛍光ペンで囲んだりする。

● リーディングの学習

ステップ3 スクリプトと和訳を見比べて、テキストが正しく理解できているかを確認する。

● 文法・語彙の定着

ステップ4 英文に含まれる文法事項や語彙を定着させるために、以下の①～⑥の練習を行う。①～⑥の全てを毎日行う必要はないが、どれか1つは行うと良い。

① 音読

スクリプトを見ながら英文を読み上げる。正確な発音を身につけるため、「英文を1つ再生する→一時停止する→音読する…」という手順を繰り返すと良い。

② オーバーラッピング（overlapping）

スクリプトを見ながら、流れてくる音声と同時に英文を音読する。

③ シャドーイング（shadowing）

スクリプトを見ずに、流れてくる音声をそのまま声に出して発音する。②のオーバーラッピングではスクリプトを見ながら英文を真似するが、シャドーイングではスクリプトを見ずに英文を真似するという違いがある（なお、シャドーイングに関しては、自分の英語力よりも数段階低い、簡単な素材を用いるのが望ましいという指摘もある）。[24]

④ リードアンドルックアップ（read and look up）

1 英文を1文ずつ読む（read）、**2** スクリプトから目を離す（look up）、**3** 英文を口頭で再現する、**4** スクリプトを見て自分の再現した文と一致しているかを確認するという手順を繰り返す。

⑤リテンション

1 スクリプトを見ずに英文を1文ずつ再生する、**2** 英文を口頭で再現する、**3** 英文を見て自分の再現した文と一致しているかを確認するという手順を繰り返す。④のリードアンドルックアップではスクリプトを見てから英文を声に出すが、リテンションではスクリプトを見ずに声に出すという違いがある。

⑥ディクテーション

1 英文を1文ずつ再生する、2 英文を書き取るという手順を繰り返す。最後に、書き取った英文とスクリプトを見比べて、答えを確認する。

● スピーキング＆ライティングの学習

ステップ5 1 和訳を見て、英文を口頭で再現する（あるいは、英文を書く）、2 スクリプトを見て、自分の産出した英文と比較するという手順を繰り返す。

注）『英語は決まり文句が8割 今日から役立つ「定型表現」学習法』（講談社）を元に作成。

ラジオ講座の1回の放送で扱われる会話は、30秒〜1分程度と短いものですが、ステップ1〜5の学習を全て行うと、慣れない内は1時間以上かかってしまうかもしれません。しかし、ステップ1～5の学習を全て行うことで、教材に出てきた文法事項や語彙を身につけつつ、リスニング・リーディング・スピーキング・ライティングの4技能を同時に高められます。「英語の総合力を伸ばしたい」という方にはうってつけの学習法です。

7 「文法よりコミュニケーションが重要」というウソ

英語学習に関して、大きく分けて2つの考え方があります。1つは、「子どもが母語を習得するように、英語もコミュニケーションを通して自然に身につけるべきだ」という考えです。もう1つは、「大人は子どもと同じ方法で言語を習得することはできない。よって、英単語集や文法書で意識的に学習すべきだ」というものです。

専門的には、それぞれ**「意味重視の学習」（meaning-focused learning）と「言語重視の学習」（language-focused learning）と呼ばれます。**意味重視の学習とは、英語の本を読んだり、英会話をしたり、洋画を観たりして、文脈から自然に英語を習得することを指します。一方で、言語重視の学習とは、単語集で英単語を暗記したり、文法書で英文法を学んだりして、英語自体について意識的に学ぶ活動です。意味重視の学習では、英語を使ってどのようなメッセージが伝達されるかという意味内容に焦点があるのに対して、言語重視の学習では英語そのもの（単語や文法）に焦点があります。

口頭コミュニケーションを重視する近年の英語教育では、言語重視の学習は「機械的で役に立たない」と軽視され、意味重視学習が奨励されることが多いようです。しかし、言語重視の学習は本当に役に立たないのでしょうか？

イスラエル・ハイファ大学のバティア・ラウファー氏は、アラビア語を母語とする高校生（16歳）を(1) 意味重視学習と(2) 言語重視学習に割り当て、英単語がどのくらい学習されるかを調べました。

(1) 意味重視グループの学習者は、"Children and TV Watching" と題された英文テキスト（211語）を、辞書を引きながら読みました。テキストでは、学習対象となった10の英単語が用いられていました。(2) 言語重視グループでは、学習対象となった10の英単語のリストが与えられ、辞書で意味を調べることが求められました。その後、穴埋め問題で英単語の練習をしました。

2週間後に事後テストで学習成果を測定したところ、**言語重視学習の方が意味重視学習よりも約7倍高い点数に結びついていました。**[25]この研究は、穴埋め問題を解くという機械的な言語重視の学習が、読解による意味重視の学習よりもはるかに効果的であることを示唆しています。[26]この結果を元に、ラウファー氏は「ほとんどの語彙が読解により自然に習得される」という定説に疑問を呈しています。日本の大学生を対象に筆者が行った研究でも、言語重視学習は意味重視学習よりも約4～30倍も効果的であることが示されています。[27]

言語重視学習は、効率の良い学習法です。とはいえ、**言語重**

視学習には、学んだ知識が実際のコミュニケーションでも使用できるとは限らないという欠点があります。例えば、「develop＝発達させる、伸ばす」と暗記していると、「私は自分自身を向上させたい」と言おうとして、I want to develop myself. と言ってしまうかもしれません。しかし、develop は develop listening skills（リスニング力を伸ばす）や develop the ability（能力を伸ばす）といった用法はありますが、「自分自身を伸ばす」という意味ではふつう使わず、I want to improve myself. と言う方が自然です（『日本人のエイゴ言い間違い！』アルク）。**文脈から切り離して英語を学ぶ言語重視の学習では、単語の和訳や文法ルールは覚えられても、それらを実際にどのように使うかまでは十分に身につかないことが多いのです。**

意味重視学習の利点・欠点は、言語重視学習の裏返しです。つまり、**意味重視学習を通して習得された知識は実際のコミュニケーションで使用しやすいという利点がある一方で、習得に時間がかかり効率が悪いという欠点があります。**

意味重視学習と言語重視学習はそれぞれ一長一短であるため、両者を組み合わせることが理想的です。例えば、単語集で学習したことがある単語に、読書をしている際に出会うことで、その単語を実際にどのように使えば良いか、理解を深められます。これは、言語重視学習（単語集による学習）の欠点を、意味重視学習（読書）により補っているといえます。同様に、読書中に出てきた文法事項を参考書で調べ、ドリルで練習することで、記憶への定着度が高まるでしょう。これは、意味重視学習（読書）の欠点を、言語重視学習（参考書・ドリル）で補っているといえます。

英語学習に関しては、「文法や単語の学習ばかりしているから、日本人は英語ができるようにならない。コミュニケーションを通して自然に英語を習得すべきだ」という意見があるかと思えば、「中学・高校でコミュニケーションを重視して文法や単語をおろそかにするから、日本人の英語力はどんどん落ちている。文法や単語をきちんと学習して、基礎固めをすることが必要だ」と主張する人もいます。まったく逆のことを言っていて議論がかみ合っていない印象を受けますが、言語重視学習と意味重視学習の両方が欠かせないという点では、実はどちらの主張にも一理あるといえます。

英語を学習する上では、言語重視学習と意味重視学習それぞれの特徴を理解した上で、両者をバランスよく組み合わせましょう。具体的にどのような活動を行えば良いかは、第2章〜第9章で詳しく取り上げます。

8 理解できない英文は「聞き流し」ても身につかない

「聞き流すだけで英語が話せる」ことを宣伝文句にした英語教材が、以前流行していました。某有名プロゴルファーを広告に起用していたため、記憶にある方も多いかもしれません（この教材は2021年に販売を終了し、現在はAmazonのAudibleで聴くことができます）。

この教材に限らず、「聞き流すだけで英語が話せる」という主張をたまに耳にしますが、これは本当でしょうか？　**これまでの研究によると、「聞き流すだけで英語が話せる」という主張は怪しいと言わざるをえません。**

その理由の1つは、「転移適切性処理説」（transfer appropriate processing theory）です。転移適切性処理説とは、学習の形式とテストの形式が近ければ近いほど、テストでのパフォーマンスが良くなる、という現象を指します。例えば、「和訳練習」と「英訳練習」の効果を比較するとします。和訳練習とは、「apple →りんご」のように、英単語を見てその和訳を思い出すことです。一方で、英訳練習とは、「りんご→ apple」のように、和訳を見てそれに対応する英単語を思い出すことです。

和訳練習：英単語を見て、その和訳を思い出す。
例）apple →りんご
英訳練習：和訳を見て、それに対応する英単語を思い出す。
例）りんご→ apple

和訳練習と英訳練習では、どちらの方が効果的でしょうか？その答えは、「どのように学習効果を測定するか」によって変わります。具体的には、以下のようになります。

和訳テスト：和訳練習＞英訳練習
英訳テスト：和訳練習＜英訳練習

つまり、**和訳テストで学習効果を測定すると、和訳練習の方が英訳練習よりも高い得点に結びつきます。**学習の形式（和訳）とテストの形式（和訳）が一致しているからです。一方で、英訳テストで学習効果を測定すると、英訳練習の方が和訳練習よりも効果的です。英訳テストと一致する学習形式は、和訳練習ではなく英訳練習だからです。

転移適切性処理説をふまえると、「聞き流すだけで英語が話せる」という主張は疑わしいと言わざるをえません。転移適切性処理説によると、**リスニング力をつける最も効果的な方法はリスニング練習をすることで、スピーキング力をつける最も効果的な方法はスピーキング練習をすることです。**リスニング学習の効果がスピーキング力に波及する（＝転移する）こともあるかもしれませんが、その程度はあまり高くありません。[28]

転移適切性処理説は非常にシンプルですが、英語学習に関して多くの示唆を与えてくれる、とても強力な理論です。例えば、筆者の専門分野は外国語の語彙習得であるため、「英単語を覚える最も良い方法は何ですか？」とよく聞かれます。その答えは、**「英単語のどのような知識を覚えたいかによる」となります。**

例えば、英単語のスペリングを身につけたいのであれば、スペリングに注意を払って何回も書く練習が必要ですし、英単語の発音を身につけたいのであれば、発音を何回も聞いたり実際に発音したりする練習が必要でしょう。さらに、英単語をスピーキングで使う能力を高めたいのであれば、学習した単語を実際にスピーキングで使う練習が必要で、英単語をライティングで使う能力を高めたいのであれば、学習した単語を使って英作文するのが効果的でしょう。[29]

同じように、**「英語を習得する最も良い方法は何ですか？」という質問の答えは、「英語のどのような知識・技能を身につけたいかによる」となります。**日常会話を聞き取る能力を高めたいのであれば、日常会話を聞き取る練習が必要ですし、学術的な内容について読み書きする能力を高めたいのであれば、学術的な内容について読み書きする練習が欠かせません。

意味のわからないものを聞いても意味がない

「聞き流すだけで英語が話せる」という主張が怪しい理由は、他にもあります。それは、意味のわからないものを聞いても意味がないということです。例えば、英語のインプットがいくら重要だといっても、アルファベットを習いたての中学生にBBCの英語ニュースを聞かせる人はいないでしょう。ニュースで用いられている単語や文法は中学生には難しすぎるため、雑音にしかならないからです。

英語を学習する上で、**たくさんのインプットが必要なことは事実ですが、それは「理解できるインプット」（comprehensible input）である必要があります。**[30]

もし、インプット中に理解できない単語や文法事項があるのであれば、「文脈から推測する」「理解できるまで、何度も繰り返し聞く」「スクリプトや和訳で内容を確認する」などして、理解できない箇所を理解できる箇所に変えていく必要があります。あるいは、知らない単語や文法事項がほとんど含まれておらず、一度聞いただけで内容が理解できるものを聞くのも良いでしょう（第7章の多聴を参照）。

「子どもが母語を学ぶ」ように、外国語を習得できるか

「聞き流すだけで英語が話せるようになる」という主張の背

景には、「母語と同じ方法で外国語も習得できる」という考えがあるようです。小さな子どもは文字が読めません。ですから、少なくとも文字が読めるようになるまでは、周囲の大人の発話を聞くことで、母語を学んでいると考えられます。

しかし、**大人の言っていることを、子どもは聞き流しているわけではありません。**大人は子どもにわかりやすいように話すからです。例えば、生まれたばかりの子どもに、"Good morning, baby. Welcome to the world. I'm your mother, and this is your father. This is the hospital where you have just been born."（おはよう、赤ちゃん。この世界へようこそ。私はあなたのお母さんで、こちらはあなたのお父さんです。ここはあなたが生まれたばかりの病院です）などと言う大人はいません。[31]子どもには難しすぎるからです。子どもに話す時には簡単な文法・単語を用いて、短い文章で話します。つまり、子どもが受けているのは単なるインプットではなく、「理解できるインプット」です。

また、子どもがわからない様子を見せると、大人は同じ内容を繰り返したり、別の表現で言い換えたり、重要な単語を強調したり、ゆっくり話したり、ジェスチャーを交えたり、実物を見せたりして、**インプットが「理解できるインプット」になるように調整します。**一方的に英語が流れるだけの市販教材には、このような機能はありません。

さらに、子どもは大人の発話を聞き流すだけでなく、大人とやりとり（interaction）もしています。例えば、子どもが"Teddy gone."（テディ、ないない）などと文法的に不完全な発話をすると、大人は "Yes, Teddy's gone, hasn't he? Where's Teddy gone to? Is he under the couch, or is he behind the chair?"（そうだね、テディはどこか行っちゃったね。どこに行ったのかな？　ソファーの下かな？ それとも、椅子の後ろかな？）など、**誤りを修正した上で、場面に即した豊かなインプットを与えます。**[32]しかし、一方的に英語が流れるだけの市販教材と、このようなやりとりをすることは不可能です。

また、大人と子どもは必ずしも同じ方法で学ぶわけではないことにも注意が必要です。子どもは多くのインプットを受けながら、言語を自然に習得することに長けている一方で、単語や文法ルールなどを明示的に学ぶのはあまり得意ではありません。例えば、「主語が3人称単数で、現在時制の場合、動詞の原形に -s をつけます」と言われて、理解できる子どもはほとんどいないでしょう。

一方で、大人は言語に関する規則を明示的に学ぶのが得意です。つまり、3単現の -s や分詞構文などのルールを理解して、学習に生かせます。しかしながら、多くのインプットから言語を自然に習得する能力は子どもほど高くはないようです。

大人と子どもでは得意な学習法が異なるため、子どもと同じ方法で大人が言語を身につけようとするのは、合理的とは言えません。[33]大人には大人の強みがあるわけですから、それを生かす方法を考えるべきです。

9

英語でのコミュニケーション能力を身につけるカギは「流暢性」

日本の英語学習者は、「英語の知識はあるのに、実際のコミュニケーションでは使えない」とよく言われます。筆者の博士論文の指導教員の一人であったポール・ネイション氏（ヴィクトリア大学ウェリントン）は、日本で以下のような経験をしたと語っています。「日本で講演をしている際、京都から大阪に向かう必要があり電車に乗ったが、本当に大阪行きの電車か不安になった。そこで、電車に乗っていた英語が話せそうな女性に、Is this the train to Osaka?（これは大阪行きの電車ですか？）と英語で尋ねたが、うまく返答できずその女性は固まってしまった。電車を降りる際にその女性のことをチラっと見たら、The Macroeconomics of Agriculture（農業のマクロ経済学）という難しそうな専門書を英語で読んでいた」。[34]

この女性は、英語で専門的な書籍を読むだけの文法や単語を、知識としては知っていました。しかし、**「話された英語を瞬時に認識・理解し、返答を組み立て、音声として発する」という能力が不足していたようです。**

専門的に言うと、リスニング・スピーキングにおける「流暢性」(fluency) が不十分であったと考えられます。「流暢性」とは、どのくらいのスピードで英語を理解・産出できるかを指します。

単語や文法事項を知っていても瞬時に使えないのでは、せっかくの知識も役に立ちません。新しい単語や文法事項を覚えることも重要ですが、すでに知っている言語項目を流暢に運用できるようにトレーニングすることも欠かせません。専門的には、fluency development（流暢性の発達）と呼ばれます。[35]英語でのコミュニケーション能力を身につけるコツは、流暢性を高めることにあるといえるでしょう。

以下に、流暢性の向上に役立つトレーニング方法を紹介します。

スキルリンク活動

流暢性を高めるための代表的なトレーニング方法に、スキルリンク活動（linked skills activity）があります。この活動は、リスニング・リーディング・スピーキング・ライティングなど、**異なる技能（＝skills）で、同じ題材を扱うものです。**例えば、climate change（気候変動）に関する英文記事を読んだ後に（＝リーディング）、その記事の内容について要約や意見を書いたり（＝ライティング）、話したり（＝スピーキング）します。活動を繰り返す中で、同じ単語や文法事項を何度も使用するため、次第に**より少ない認知的負荷で（＝脳にあまり負担がかからない状態で）単語や文法が使用できるようになり、流暢性の発達に有**

効であると考えられています。スキルを組み合わせる順番は、

1. リスニング→ 2. スピーキング	英文を聞いた後に、その要約を話す
1. リスニング→ 2. リーディング→ 3. ライティング	英文を聞いた後に同じ英文を読み、その要約を書く
1. リスニング→ 2. リーディング→ 3. ライティング→ 4. スピーキング	英文を聞いた後に同じ英文を読み、その要約を書き、さらに要約を口頭で発表する

注）ハイライトした部分がインプット活動。

など、様々なパターンが考えられます。いきなり話したり書いたりするのは難しいため、インプット活動（リスニングやリーディング）をまず行い、その後にアウトプット活動（スピーキングやライティング）を行いましょう。

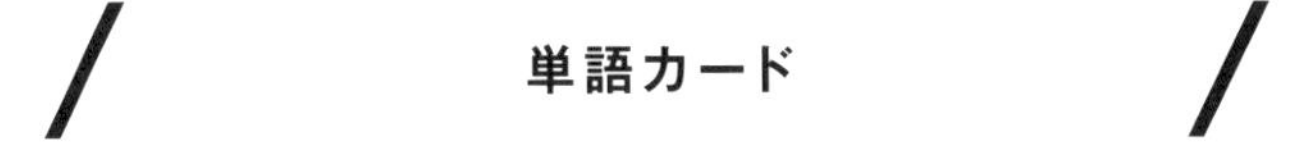

単語カード

片面に英単語、もう片面にその意味（和訳）が書かれたカードを用いる学習法です。

- 英単語を見てその和訳をできるだけ速く思い出す
- 和訳を見て対応する英単語をできるだけ速く思い出す

という練習をすることで、単語の受信・発信スピードを上げることができます。「単語カードで学習しても、実際のコミュニ

ケーションでは使えない」などと批判されることもありますが、単語カード学習はとても有益であることが研究から示されています（詳細は第2章で取り上げます）。[36]

スマホの単語学習アプリの中には、制限時間内に答えを入力することが求められるものもあり、これらを用いて流暢性トレーニングを行うこともできます。

数字の流暢性トレーニング

英語と日本語では数字の数え方が異なるため、英語の数字を即座に理解するのは難しいものです。「hundred＝百」「thousand＝千」までは良いとしても、「ten thousand＝1万」「one hundred thousand＝10万」「one hundred million＝1億」となると、瞬時に理解するのは大変です。これらが組み合わさり、forty-two hundredやninety thousandになると、それぞれ4,200と90,000だと認識するのはさらに難しくなります。

数字の流暢性トレーニング方法を紹介します。[37]この活動はペアで行います。まず、以下のように数字が書かれた表を用意します。

1	2	3
4	5	6
7	8	9

そして、Aさんがfour, nine, twoなど、ランダムに数字を読み上げます。Bさんは、読み上げられた数字をなるべく速く指さします。1～9までできたら、今度は1～99まで、次は1～999までというように、より桁数の多い数字で練習します。

桁数が多くなると、前ページのようなマス目を用意するのは大変かもしれません（例えば、1～999まで練習する場合には、999個のマス目が必要です）。その場合は、以下のような表を用意して、1ケタずつ順番に数字を指さすと良いでしょう。

100の位	10の位	1の位
1	1	1
2	2	2
3	3	3
4	4	4
5	5	5
6	6	6
7	7	7
8	8	8
9	9	9

例えば、three hundred thirty-fourと数字が読み上げられたら、左から順番に3→3→4と指さします。紙に334と書くのでも良いでしょう。金額・郵便番号・電話番号・時刻など、実生活で遭遇する可能性のある様々な数字で練習しましょう。

数字を素早く理解できるようになったら、今度は瞬時に発話する練習をしましょう。具体的には、数字を日本語で読み上げてもらい、それに対応する英語表現を即座に答えます。例えば、「4万3千」「5億」「3億9千万」と言われたら、それぞれforty-three thousand, five hundred million, three hundred ninety millionと答えます。

表計算ソフトExcelやGoogleスプレッドシートのRANDBETWEEN関数を用いてランダムな数字を複数発生させ、それらを次々に読み上げる練習もお勧めです。例えば、Googleスプレッドシートのセルに=RANDBETWEEN(0,1000)と入力すると、0以上1000以下の数字をランダムに生成できます。これをコピーして複数のセルに貼り付ければ、以下のようになります。

A1 fx =RANDBETWEEN(0,1000)

	A	B
1	163	
2	248	
3	945	
4	198	
5	912	
6	284	
7	448	
8	93	
9	577	
10	370	
11	131	
12	195	
13	575	
14	668	
15	123	
16	303	
17	253	
18	470	
19	456	
20	936	

上から順に数字をなるべく速く、かつ正確に英語で読み上げる

練習をしましょう。

もし答えがわからない場合は、Googleスプレッドシートの NUMBERTEXT関数を使うと、数字を英語表記に変換してくれます。例えば、Googleスプレッドシートのセルに「=numbertext（“3900”, “en”）」と入力すると、「three thousand nine hundred」と表示されます。これは、3,900を英語で読み上げると、three thousand nine hundredになるという意味です。なお、NUMBERTEXT関数を使うには、同名のアドオン（無料）をGoogleスプレッドシートに追加する必要があります。

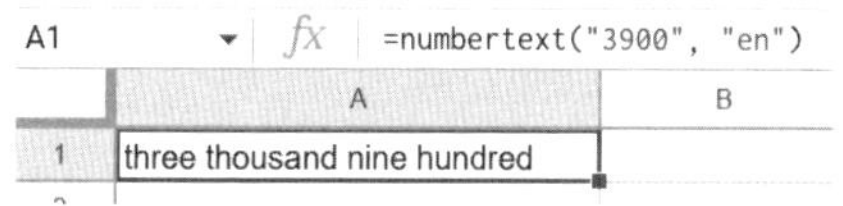

流暢性を伸ばす学習法は、他にも多くあります。詳しくは、以下の項目をご覧ください。

・第2章 単語：「単語カード」
・第4章 文法：「文法ドリル」
・第6章 リーディング：「リーディングの流暢性を高めるための学習法」
・第7章 リスニング：「リスニングの流暢性を高めるための学習法」
・第8章 ライティング：「ライティングの流暢性を高めるための学習法」
・第9章 スピーキング：「スピーキングの流暢性を高めるための学習法」

10

英語学習に効果的な復習スケジュール

新しい単語や文法を学んでも、時間が経つと忘れてしまうのは人間の性です。そのため、定期的な復習は欠かせません。それでは、どのようなスケジュールで復習すれば良いのでしょうか？

筆者は復習スケジュールに関する研究を20年近く行っており、その成果を国際的な学術誌（ジャーナル）や学会で発表しています。そのため、本項の内容はこれまで以上にマニアックになることをお許しください。

復習スケジュールに関して広く知られた現象の一つに、「分散効果」（spacing effect）があります。分散効果とは、「学習の間隔を空けずに繰り返す集中学習（①）よりも、間隔を空けて繰り返す分散学習（②）の方が記憶に長く残りやすい」という現象のことです。例えば、間隔をまったく空けずにある単語の学習を4回繰り返すよりも、1日おきに4回繰り返したほうが、記憶に長く残りやすいことになります。

① 集中学習（massed learning）

学習 学習 学習 学習

② 分散学習（spaced learning）

学習　　　学習　　　学習　　　学習

分散効果は非常に頑強な現象であり、多くの実験で再現されています。[38]日本の大学生を対象に筆者が2015年に行った研究でも、英単語を学習する場合、**分散学習の方が集中学習よりも2倍以上高い保持率に結びつくことが示されました。**[39]

どのくらいの間隔を空ければ良いのか？

間隔を空けないよりも空けた方が良いことがわかったとして、次に気になるのは「どのくらいの間隔を空ければ良いのか」ということです。この質問に答える上では、① within-session spacing（セッション内間隔）と② between-session spacing（セッション間間隔）の2種類に分けて考える必要があります。

①セッション内間隔とは、「同一セッション中に、ある言語項目がどのような間隔で繰り返されるか」を指します。例えば、今から10分間で20の英単語を覚えるとします。この10分間にどのようなスケジュールで20語を繰り返せば良いかは、セッション内間隔の問題です。

一方で、②セッション間間隔とは、「複数のセッションにわたってある項目を繰り返す際に、セッション同士の間隔をどのくらいにすべきか」を指します。例えば、5日に分けて20の単語を覚えるとします。この時、1日おきに5回繰り返した方が良いのか、それとも、1週間おきに5回繰り返した方が良いのかというように、5つの学習セッションの間隔をどれくらい空ければ良いかは、セッション間間隔の問題です。

授業にたとえると、**「同一授業内である項目をどのような間隔で繰り返すのが良いか」に相当するのが①セッション内間隔で、「ある授業と別の授業の間隔をどのくらい空ければ良いか」に相当するのが②セッション間間隔です。**

まず、①セッション内間隔に関しては、なるべく長い間隔で繰り返した方が良いことが研究から示されています。例えば、筆者が日本の大学生を対象に行った2016年の研究では、ショート条件とロング条件という2つの復習間隔の効果を比較しました。ショート条件では約30秒、ロング条件では約200秒の間隔をおいて、20の英単語が繰り返されました。1週間後の保持率を比較すると、ロング条件の方が約2.5倍高い得点に結びついていました。[40] 2019年・2022年に筆者たちが行った研究でも、同様です。[41] 2022年の研究では、ロング条件の有効性は学習の2週間後にも観察され、ロング条件はショート条件の約2倍高い得点に結びついていました。

ショート条件とロング条件の復習間隔の違いは約170秒（ロング条件：約200秒、ショート条件：約30秒）とわずかなものでしたが、そのような微々たる違いが学習の2週間後にも保持率を大きく左右するというのは驚きです。これらの結果を考えると、**セッション内間隔に関しては、なるべく長い間隔で繰り返**

した方が良さそうだと言えます。

最適なセッション間の間隔は？

一方で、②セッション間間隔に関しては、研究結果はより複雑です。セッション間間隔の効果は、様々な要因に影響されるからです。例えば、「どのくらいの期間覚えていたいか」によって、セッション間間隔の効果は変わると言われています。すなわち、**「1週間後に覚えていれば良い」という場合と、「1年後も覚えていたい」という場合とでは、最適な復習間隔は異なるようです。**

具体的には、以下の3点が示されています。

原則1：覚えていたい期間の10～40％程度の間隔で復習を繰り返すことが、最も高い保持率に結びつく。以後、これを「最適な復習間隔」と呼ぶ。

原則2：復習間隔が「最適な復習間隔」よりも短い場合は、間隔が長くなればなるほど保持率は急激に高くなる。

原則3：復習間隔が「最適な復習間隔」よりも長い場合は、間隔が長くなればなるほど保持率は徐々に低くなる。

原則1〜3を図示すると、以下のようになります。

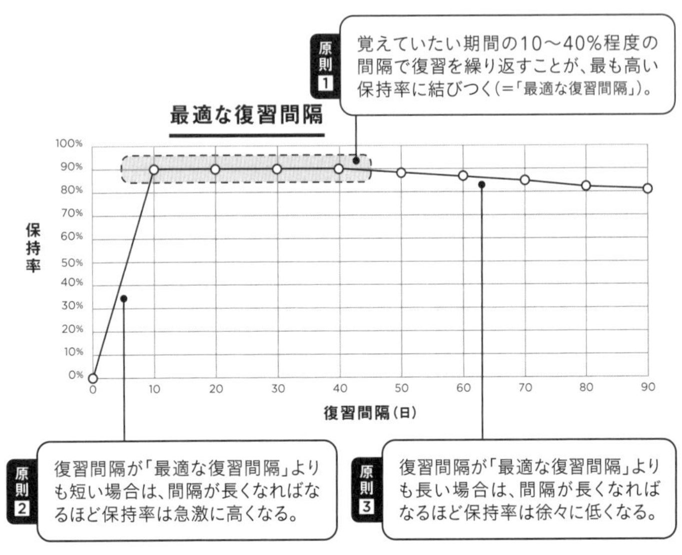

図）復習間隔と保持率のイメージ。Cepeda et al.（2009, p. 242）を元に作成。[42]

ここでは、仮に学習から100日後に事後テストを行い、記憶保持を測定するとします。原則1によると、100日の10〜40%、すなわち、10〜40日の間隔で復習を繰り返すのが最も高い保持率に結びつくと考えられます。つまり、10〜40日間が「最適な復習間隔」です。

原則1は、**「ある事柄を短期間覚えていたいのであれば、短い間隔で復習を繰り返すのが良く、長期間覚えていたいのであれば、長い間隔で復習を繰り返すのが良い」**ということを示唆しています。例えば、ある単語を「3日後に覚えていれば良くて、その後は忘れても構わない」という場合は、7.2〜28.8時間（72時間×10〜40％）という短い間隔を空けて復習を繰り返すのが良いでしょう。一方で、3カ月後に覚えていたいのであれば、9〜36日（90日×10〜40％）という比較的長い間隔で復習を繰り返すのが良いと考えられます。

次に、原則2によると、**復習間隔が「最適な復習間隔」よりも短い場合は、間隔が長くなればなるほど保持率は急激に高くなります。**つまり、1日と3日の間隔では3日の方が保持率は高く、5日にするとさらに高くなります。[43]

原則3によると、**復習間隔が「最適な復習間隔」よりも長い場合は、間隔が長くなればなるほど保持率は徐々に低くなります。**例えば、40日間と50日間では50日間の方が保持率が若干低く、60日にするとさらに低くなります。

ここで注目すべきは、グラフの左側の傾きは急なのに対して（0〜10日間）、右側の傾きはゆるやかなことです（40〜90日間）。これは、復習間隔が「最適な復習間隔」よりも短い場合は、間隔が長くなればなるほど保持率が急激に高くなる（原則2）のに対して、「最適な復習間隔」よりも長い場合は、間隔を長くしても保持率は徐々にしか低下しない（原則3）からです。言い換えると、**復習間隔が短すぎることによって生じるリスクは、長すぎることによるリスクよりも格段に大きいということです。**

なお、最適な復習間隔が「覚えていたい期間の10〜40％」（原則1）というのはあくまでも目安に過ぎず、学習する項目の難易度や、学習者の特性（記憶力や年齢などの個人差要因）など、様々な要因によって変わってくるでしょう。外国語学習においては、単語などの比較的単純な項目に関しては長い間隔が良い一方で、文法や発音など比較的複雑な項目に関しては短い間隔を用いた方が良い可能性も示されています。

また、**最適な復習間隔の比率（原則1）は、覚えていたい期間によって変わる可能性も示されています。**具体的には、覚えていたい期間が短いほど最適な復習間隔の比率は大きく、覚えていたい期間が長いほど比率が小さくなるということです。例えば、1週間後に覚えていたいのであれば最適な復習間隔はその20〜40％（7日×20〜40％）程度ですが、1年後に覚えていたいのであれば約5〜10％（365日×5〜10％）と低くなる可能性があります。[44]

このように、最適なセッション間間隔は様々な要因に左右されるため、「このスケジュールで復習すれば良い」と断言するのは難しそうです。しかし、復習間隔が短すぎることによって生じるリスクは、長すぎることによるリスクよりも大きい（＝グラフの左側のカーブは急であるのに対して、右側のカーブはゆるやかである）ことをふまえると、**覚えていたい期間の10〜40％という範囲で、なるべく長い間隔を空けて復習を繰り返すのが良いでしょう。**

「復習間隔を徐々に広げること」は効果的か?

復習スケジュールに関しては、「1日後→1週間後→1カ月後→半年後」というように、間隔を少しずつ広げていくスケジュールが最も効果的であるという主張をよく耳にします。復習回数を重ねるにつれて間隔を少しずつ広げていくスケジュールは、「拡張型のスケジュール」あるいは「拡張分散学習」(expanding spacing, expanded rehearsal) と呼ばれます。英単語学習アプリでも、拡張型のスケジュールを売りにしているものが多くあります。

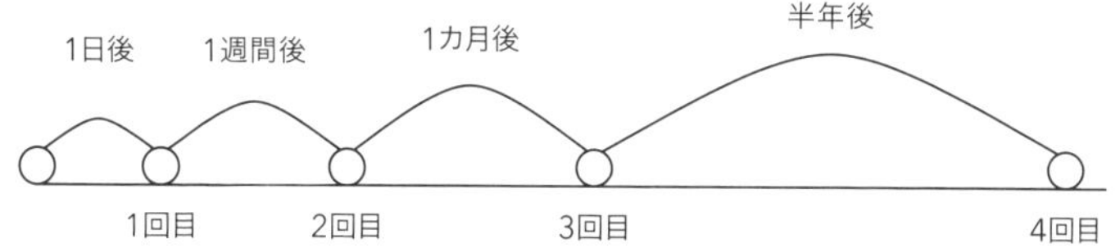

図）拡張型スケジュールのイメージ

しかしながら、近年の研究では、**拡張型スケジュールは必ずしも効果的ではないことが示されています。**例えば、筆者は日本の大学生を対象に、英単語学習における拡張型スケジュールの効果を検証しましたが、拡張型スケジュールの有効性を支持する結果は得られませんでした。[45]

ウェスタン・オンタリオ大学のスー・キム氏とスチュワート・ウェブ氏は、拡張型スケジュールの効果を調べたこれまでの研究結果を、メタ分析（meta-analysis）という統計手法を用いて分析しました。[46]その結果、拡張型スケジュールの有効性を支持する結果はやはり得られていません。

「復習間隔を徐々に広げることが記憶保持を促進するとは限らない」という研究結果は、学習者にとっては朗報です。なぜなら、単語の復習回数に応じて間隔を徐々に広げる拡張型のスケジュールを実践するのは、非常に骨の折れる作業だからです。**拡張型のスケジュールにこだわらなくても良いという研究結果は、そのような煩雑なスケジュール管理から我々を解放してくれます。**

また、巷に溢れる単語学習アプリの中には、拡張型のスケジュールを売りにしているものが多く見られますが、そのような宣伝文句に過度な期待はしない方が良いでしょう。

「セグメントに分けて繰り返す」ことの効果

英語学習に限らず、何かを学習する際には、「大きなまとまりで繰り返すよりも、いくつかのセグメントに分けて繰り返した方が良い」と指摘されることがあります。

例えば、楽器の練習をしたり、歌詞を覚えたりする際には、一曲を最初から最後まで通して繰り返すのではなく、いくつかの細かい部分（例：Aメロ・Bメロ・サビ）に分けて繰り返すのが一般的でしょう。そして、Aメロが弾けるようになったらBメロ、Bメロが弾けるようになったらサビというように、小さなまとまりごとに繰り返し練習することが多いでしょう。英語にはDo one thing at a time. という表現があります。「一度にひとつずつやりなさい」という意味で、セグメントに分けて繰り返すことの重要性を示すものです。

「小さなまとまりに分けて繰り返した方が良い」というアドバイスは、理にかなっているように思えます。例えば、20の英単語を覚えたいとします。20の英単語を5語ずつの4セットに分けて繰り返すと、一度に学ぶのは5語のみになります。20語を一度に学ぶのと比較すると、ずっと負担が軽く、簡単そうです。

しかし、これまでの研究では、**単語を小さなセットに分けて学習することは記憶保持を促進するどころか、逆に阻害することが示されています。**[47]

その理由は、セッション内間隔によるものでしょう。例えば、20の英単語を覚える際に、20語を1つの大きなセットで繰り返すと、ある項目を学習し、再びその項目が学習されるまでに19項目分の間隔（＝セッション内間隔）が空きます。一方で、20語を5語ずつのセグメントに分けると、わずか4項目後に再び同じ項目を学ぶことになります。

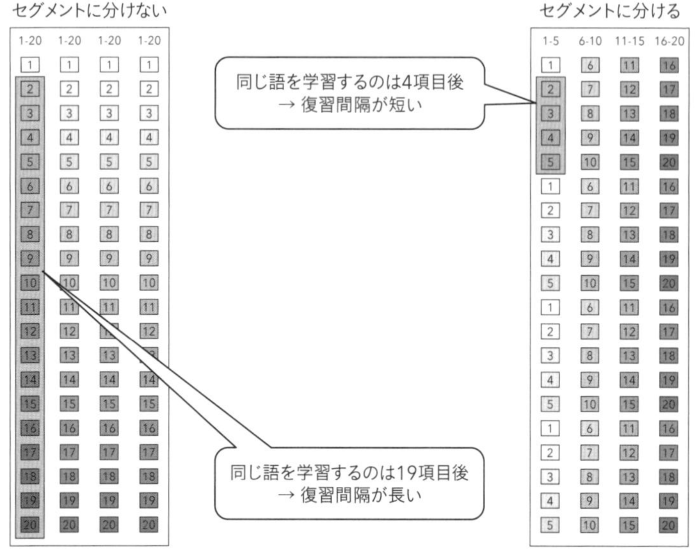

言い換えれば、**単語をセグメントに分けて繰り返すと、短い間隔（＝セッション内間隔）で復習を繰り返すことになるわけです。**「長いセッション内間隔（例：200秒）の方が短いセッション内間隔（例：30秒）よりも長期的な保持を促進する」という研究結果を考えると、セグメントに分けないで繰り返した方が良いという研究結果も納得できます。

同時に、セグメントに分けたとしても、長いセッション内間隔を使用することは可能です。例えば、20の英単語を5語ずつの4セットに分けて繰り返すとします。この場合、

単語1〜5を1回勉強する
(3分間休憩)
単語1〜5を1回勉強する
(3分間休憩)
単語1〜5を1回勉強する
(3分間休憩)
…

というように、1サイクルごとに休憩時間をはさめば、セグメントに分けて繰り返しつつ、長いセッション内間隔を維持できます。

それでは、英語の語彙学習に大きな影響を与えるのは、「セグメントに分けるか否か」でしょうか？　あるいは、「セッション内間隔が長いかどうか」でしょうか？　このことを調べるため、筆者は日本の英語学習者（大学生）を対象に、以下の3つの条件を比較する研究を行いました。[48]

	セグメントに分けるか否か	セッション内間隔
条件1	分ける	約30秒
条件2	分ける	約200秒
条件3	分けない	約200秒

その結果、条件2と条件3の効果には、大きな差は見られませんでした。一方で、条件2と条件3は、ともに条件1よりも効果

的でした。この結果は、**英語の語彙学習に影響を与えるのは復習間隔（セッション内間隔）の長さであり、セグメントに分けるか否かは本質的な要因ではないことを示唆しています。**

「セグメントに分けて繰り返すと負荷が軽くなるので、学習が促進される」と主張されることがあります。しかし、一度に学習する項目数は実は重要ではないようです。その代わりに、それぞれの単語がどのような間隔で繰り返されるかに注目した方が良いでしょう。

第2章

単語

英語を学習する上で語彙力が重要であることは、多くの研究者が指摘しています。一方で、語彙学習は非常に困難です。英単語学習の難しさを、「エベレストに登るのと同じくらい大変」とたとえている言語学者もいるくらいです。本章を読んで、英単語学習という名のエベレスト制覇を目指しましょう。

1

語彙は英語学習の基本、しかし大変

語彙力はリスニング・リーディング・スピーキング・ライティングという4技能の基盤となる重要な能力です。語彙力の重要性は、「第二言語学習者は、文法書ではなく、辞書を持ち歩くものだ」「文法がなければ、伝わることはほとんどない。語彙がなければ、何も伝わらない」といった言葉からもうかがえます。[1]

一方で、語彙学習は非常に困難です。その理由の一つは、**覚えるべき単語が多いことです。**

例えば、映画や会話などの話し言葉を理解するには6,000〜7,000語程度、小説・新聞などの書き言葉を理解するには8,000〜9,000語程度知っている必要があると推定されています。[2]英語の母語話者は1年間に1,000語のペースで単語を習得すると言われていますので、仮に母語話者と同じペースで学習したとしても、**6〜9年もかかってしまいます。**

語彙学習が難しいもう一つの理由は、1つ1つの単語に関して、知るべきことがたくさんあることです。

例えば、ある単語を使いこなすためには、その和訳を知っているだけでは不十分です。**和訳以外にも、その単語の発音・品詞・語法・活用・派生形・熟語など、様々な知識を身につける必要があります。**

著名な言語学者であるデヴィッド・クリスタル氏は、**英語語彙学習の難しさを、「エベレストに登るのと同じくらい大変」とたとえています。**

なお、発音に関しては、「せいぜい44程度の音を学べば良いので、誰でも比較的短期間に習得できる」と述べています。文法に関しても、「英語の文法事項は3,500くらいあるが、4〜5年あれば覚えられるし、何なら1年あればその大半は覚えられる」とクリスタル氏は言います。[3]氏の言葉からわかる通り、英語学習の難しさの多くは、英単語を学ぶことの難しさに起因するといって良いでしょう。

本章では、英単語学習という名のエベレストを攻略する方法を紹介します。

2

「和訳を知っている」だけでは不十分?

効果的な英単語学習法を考える前に、「英単語を覚える」とはどういうことか検討しましょう。通常、英単語とその和訳を結びつけられれば、その英単語を「知っている」とみなすことが多いでしょう。例えば、英単語テストでは、英単語に対応する和訳を選んだり、和訳に対応する英単語を書いたりする形式が一般的です。

しかし、**和訳を知っているからといって、その単語が使いこなせるわけではありません。**例えば、「fit＝合う、フィットする」と覚えていると、「チーズはワインに合う」と言おうとして、*Cheese fits wine. と言ってしまうかもしれません（*［アスタリスク］は、フレーズや文章が正しくないことを意味する記号です)。しかし、fit は「大きさや形が合う」という意味で、These jeans fit me perfectly.（このジーンズは私にぴったりです）のように使います（『日本人の9割が間違える英語表現100』ちくま新書)。そのため、Cheese fits wine. だと、「ワインの形にチーズがぴったりはまる」というよくわからない意味になります。「チーズとワインが釣り合う」と言いたければ、Cheese goes well with wine. や Cheese and wine go together. が適切です。

このように、英単語の実際の意味と和訳の意味範疇は一致していないことがしばしばです。そのため、英単語に対応する和訳を覚えたとしても、その単語を完全に「習得した」ことにはなりません。

第二言語語彙習得研究の第一人者であるポール・ネイション氏（ヴィクトリア大学ウェリントン）は、単語の知識は「形」(form)・「意味」(meaning)・「使用」(use) の3つに分けられ、それぞれ次のような側面から構成されると指摘しています。

	語彙知識の側面	具体例
形	発音 (spoken form)	/téɪk/ という発音を聞いて take のことだと認識できたり、自分自身で /téɪk/ と発音できたりする。
	スペリング (written form)	take という綴りを見てその単語が認識できたり、自分自身で take という綴りが書けたりする。
	語部品 (word parts)	transportation（輸送）は接頭辞 trans-, 語根 port, 接尾辞 -ation から構成されることを知っている。
意味	語形と意味の結びつき (form-meaning connection)	apple という英単語から「りんご」を思い出したり、「りんご」という意味から apple を思い出せる。
	概念と指示物 (concepts and referents)	「りんご」とはどんな果物かを知っている。
	連想 (associations)	上位語（例：dog に対して animal）・下位語（例：animal に対して dog）・類義語（例：big と large）・反意語（例：big と small）等、ある単語と結びつきが強い単語を知っている。
使用	文法的機能 (grammatical functions)	take には他動詞・自動詞・名詞としての用法があることを知っている。
	コロケーション (collocations)	take a picture（写真を撮る), take medicine（薬を飲む), take a temperature（体温を測る), take advice（忠告に従う）などのコロケーション（第3章を参照）を知っている。
	使用に関する制約 (constraints on use)	「ask と inquire はどちらも『たずねる』という意味だが、inquire の方が ask よりもフォーマルである」等、どのような場面である表現を使えば良いかを知っている。

注）以下を元に作成。
Nation, I. S. P. (2022). *Learning vocabulary in another language* (3rd ed.). Cambridge University Press.

1つの単語について様々な知識を得ることは、語彙知識の「深さ」（depth）と呼ばれる側面です。一方で、「どのくらいの単語を知っているか」は語彙サイズ（size）と呼ばれます。英単語を使いこなすためには、サイズと深さをバランスよく伸ばすことが欠かせません。

語彙知識の深さには様々な要素が含まれ、習得は一筋縄ではいきません。とはいえ、**母語話者であったとしても、あらゆる単語について9つの側面全てをマスターしているわけではありません**ので、ご安心下さい。日本語でも、意味はわかるけれど漢字が書けなかったり、聞いたことはあるけれど意味がよくわからなかったりする単語があるのと同じです。欲張って一度にたくさんの知識を身につけようとせず、時間をかけてじっくり知識を深めていきましょう。

一語一訳でも覚えるが勝ち

単語知識に含まれる9つの側面の中では、語形と意味の結びつき（form-meaning connection）に関する知識が最も重要です。例えば、oxygenという単語を学ぶのであれば、この単語を見て「酸素」という意味が思い出せたり、「酸素」という意味からoxygenが思い出せたりすることが重要です。言い換えれば、「oxygenは名詞だ」「oxygenの綴りはo-x-y-g-e-nだ」「oxygenは/ɑ́ksɪdʒən/と発音する」ということを知っていても、oxygenと「酸素」という意味が結びついていなければ、あまり意味がありません。語形と意味が結びつけられるようになることを第一目標として、その他の側面は時間をかけて徐々に習得するのが現実的です。このような理由から、**英単語と和訳を結びつけるのはまったくの無意味ではありません。**和訳を覚えることは、語形と意味を結びつける上での第一歩だからです。

また、例えば、measles（はしか), chickenpox（水ぼうそう）などの単語は、英単語と和訳の意味のずれがほとんどありません。ですから、これらの単語に関しては、和訳の知識は有益でしょう。

さらに、英単語の意味を英語で説明されるよりも、**和訳で与えられた方がより記憶に定着することが研究から示唆されています。**[4]例えば、measles（はしか）と chickenpox（水ぼうそう）を英英辞典で調べると、以下のように説明されています。

measles: an acute, infectious, **communicable** disease caused by a **paramyxovirus** and characterized by small, red spots on the skin, high fever, nasal discharge, etc. and occurring most frequently in childhood.

（パラミクソウイルスによって引き起こされる急性の感染伝染病で、皮膚への小さな赤い斑点・高熱・鼻水などを特徴とし、小児期に最も多く発生する）

chickenpox: an acute, contagious viral disease, usually of young children, characterized by fever and eruptions; **varicella**.

（発熱と発疹を特徴とする急性の伝染性ウイルス性疾

患で、通常は幼児に発症する）

（Webster's New World College Dictionary, 4th Edition より）

communicable（伝染性の）, paramyxovirus（パラミクソウイルス）, varicella（水ぼうそう）などの難解な単語が多く用いられており、説明を理解するだけでも一苦労です。

学習者向けの英英辞典である「ロングマン現代英英辞典」で調べると、

measles: an infectious illness in which you have a fever and small red spots on your face and body. People often have measles when they are children.
（発熱と顔や体への小さな赤い斑点をともなう感染症。子どもの頃にかかることが多い）
chickenpox: an infectious illness which causes a slight fever and spots on your skin.
（微熱と皮膚の斑点をともなう感染症）

（ロングマン現代英英辞典より）

のようにだいぶ理解しやすくなります。しかし、measles, chickenpox ともに発熱（fever）と斑点（spots）をともなう感染症であることはわかるものの、具体的な違いがよくわかりません。「子どもの頃にかかることが多い」という説明がmeaslesにはあり、chickenpoxにはないため、両者の違いは「子どもの頃にかかりやすいかどうか」なのでしょうか？

しかし、先ほど紹介したウェブスター英英辞典では、chickenpoxの説明に「通常は幼児に発症する」とあったため、どちらの病気も子どもの頃にかかりやすいようです。ロングマン現代英英辞典はウェブスターよりも平易な英語で書かれていますが、具体的な病名はよくわからず、モヤモヤした感じは否めません。一方で、「measles＝はしか」「chickenpox＝水ぼうそう」のように和訳と結びつけると、即座に意味がわかるので効率も良く、記憶にも定着しやすいのです。

すなわち、英単語の和訳を覚えたからといって、その単語をマスターしたことにはなりませんが、だからといって和訳を完全に排除するのも合理的ではありません。村田年氏（千葉大学）の言葉を借りれば、**「一語一訳でも覚えるが勝ち」という場合もあるでしょう。**[5]

和訳を避けても誤解は避けられない

和訳に頼っていると、「チーズとワインは合う」と言いたい時に、*Cheese fits wine. と言ってしまう（正しくはfitsではなくgoes well with）など、和訳に引きずられた誤用に結びつくことがあるのは事実です。しかし、これは和訳に限ったことではなく、英語による定義を使った場合でも起こりえます。

英語を母語とする小学生を対象に行われた興味深い研究があ

ります。この研究では、アメリカの小学生に英単語の意味を英英辞典で調べさせ、その単語を使った作文をしてもらいました。その結果、いくつかの可愛らしい間違いが見られました。

例えば、relegate は「～を左遷する、追放する」という意味です。辞書で relegate を調べ、その意味が send away であることを学んだアメリカの小学生は、I relegated my pen pal's letter to her house. という英文を書きました。「私はペンパル（文通友だち）の家に手紙を送りました」と書こうとして、「私はペンパルの家に手紙を左遷しました」と書いてしまったのです。

その他、英英辞書の定義を勘違いして書かれた作文の例を以下に示します。

英単語	定義（抜粋）	アメリカの小学生による作文
stimulate	stir up	Mrs. Morrow *stimulated* the soup. 【意図した意味】マロウ夫人がスープをかき混ぜました。 【英文の意味】マロウ夫人がスープを扇動しました。
erode	eat away, eat out	My family *erodes* a lot. 【意図した意味】私の家族はよく外食します。 【英文の意味】私の家族はよく浸食します。
correlate	be related one to the other	Me and my parents *correlate*, because without them I wouldn't be here. 【意図した意味】両親がいないと自分もいないため、自分と両親は親族関係にあります。 【英文の意味】両親がいないと自分もいないため、自分と両親は相関関係にあります。
meticulous	very careful	I was *meticulous* about falling off the cliff. 【意図した意味】私は崖から落ちないように細心の注意を払いました。 【英文の意味】私は崖から落ちることに細心の注意を払いました。

注）以下を元に作成。
Miller, G. A., & Gildea, P. M. (1987). How children learn words. *Scientific American, 257*, 94-99.

前ページの表に示したアメリカの小学生の間違いは、**英単語の意味を英語で説明したとしても、単語の正確な意味を理解するのが難しいことを示しています。**「日本人が変な英語を使うのは、英単語を和訳と結びつけているからだ。英単語の意味は英語のまま理解すべきだ」などと言われますが、和訳ばかりをやり玉にあげるのはお門違いでしょう。

同時に、英単語と和訳を結びつけることは、その単語をマスターする長い道のりへの第一歩にすぎないと認識することも重要です。**和訳の弊害も理解した上で、和訳をうまく活用しましょう。**

和訳の効果を高めるための2つの工夫

いくつかの工夫をすることで、和訳の効果をさらに高められます。

第1に、和訳を具体的にすることで、誤用の可能性を減らせます。すでに述べた通り、「fit＝合う」と覚えていると、*Cheese fits wine. などの誤用につながるおそれがあります。代わりに、**「fit＝サイズや形が合う」と覚えておくと良いでしょう。**

その他、和訳を具体的にすることで、誤用の可能性を減らせる例を次ページに示します。

和訳	permit＝許す；forgive＝許す
望ましい和訳	permit＝許可する；forgive＝人や罪などを許す
解説	「罪を許す」という意味で、**permit* a sin という誤用を避けるため（正しくは forgive）。

和訳	gather＝集める；collect＝集める
望ましい和訳	gather＝集める；collect＝収集する
解説	「私は切手を集める[＝収集する]のが好きです」という意味で、I like **gathering* stamps. という誤用を避けるため（正しくは collecting）。

和訳	borrow＝借りる；rent＝借りる
望ましい和訳	borrow＝無料で借りる；rent＝有料で借りる
解説	「その生徒は先生に DVD を（無料で）貸してもらいました」という意味で、The student **rented* the DVD from his teacher. という誤用を避けるため（正しくは borrowed）。

和訳	get up＝起きる、起こす；wake up＝起きる、起こす
望ましい和訳	get up＝起床する、起床させる；wake up＝目覚める、目覚めさせる
解説	「彼は6時に目が覚めたが、8時までベッドから起きなかった」という意味で、He **got up* at 6, but stayed in bed till 8. という誤用を避けるため（正しくは woke up）。

和訳	hear＝聞く；listen＝聞く
望ましい和訳	hear＝聞こえる；listen＝耳を傾ける
解説	「隣の音楽が聞こえますか？　パーティーか何かをしているんでしょう」という意味で、Do you **listen to* the music next door? They must be having a party or something. という誤用を避けるため（正しくは hear）。[6]

和訳	laugh＝笑う；smile＝笑う
望ましい和訳	laugh＝声を出して笑う；smile＝微笑む
解説	「その冗談を聞いて、私は声を出して笑った」という意味で I **smiled* out loud when I heard the joke. という誤用を避けるため（正しくは laughed）。

和訳を工夫しても誤用が完全に避けられるわけではありませんが、ある程度は減らせるでしょう。

第2に、コア・ミーニング（core meaning）を活用しましょう。[7] コア・ミーニングとは、多くの語義に共通する中心的な意味を指します。ここでは、基本動詞 make を例に、コア・ミーニングについて解説します。

make を辞書で調べると、「作る」「稼ぐ」「する」「〜になる」「〜にする」「〜させる」など、20以上の意味・用法が書かれています。以下はその一例です。

make sandwiches	サンドイッチを作る
make tea	お茶をいれる
make money	お金を稼ぐ
make a promise	約束する
make noise	騒音を立てる
make a good nurse	（努力の結果）良い看護師になる
make progress	進歩する
make sense	意味をなす
make way	道を空ける
make nothing of ...	〜が何もわからない
make it	成功する、間に合う
make ... happy	〜を幸せにする
make ... do one's job	〜に仕事をさせる

上のような用法を全て覚えるのは、非常に困難です。しかし、コア・ミーニングを知ることで、様々な用法を覚える手がかりが得られます。『コンパスローズ英和辞典』（研究社）によると、make のコア・ミーニングは「力を加えて作る」だと言います。

以下の表に、makeのコア・ミーニングと、様々な用法との関係を示します。

make sandwiches	サンドイッチを作る
make tea	お茶を作る→お茶をいれる
make money	お金を作り出す→お金を稼ぐ
make a promise	約束を作って具体化する→約束する
make noise	騒音を作り出す→騒音を立てる
make a good nurse	良い看護師を作り出す →（努力の結果）良い看護師になる
make progress	進歩を作り出す→進歩する
make sense	意味を作り出す→意味をなす
make way	通り道を作り出す→道を空ける
make nothing of ...	～から何も作れない→～が何もわからない
make it	意図した結果を作り出す→成功する、間に合う
make ... happy	～が幸せな状況を作り出す→～を幸せにする
make ... do one's job	～が仕事をする状況を作り出す→～に仕事をさせる

注）『コンパスローズ英和辞典』（研究社）および『NHK 新感覚☆キーワードで英会話 イメージでわかる単語帳』（NHK 出版）などを参考に作成。

1つの動詞が様々な意味・用法を持っているというより、「力を加えて作る」という**コア・ミーニングは一定であり、文脈に応じて適切な和訳が変わるだけだと考えても良いでしょう。**

ただし、全ての用法にコア・ミーニングが有効とは限りません。例えば、make a discovery（発見する), make contact（連絡する), make an appointment（予約する）などの表現では、discovery, contact, appointmentがフレーズ全体の意味の多くを担っており、make本来の意味はほとんど失われています。このような用法も、コア・ミーニングで説明を試みることができるかもしれません。例えば、make a discovery は「(せっせと努力して) 発見を作り出す」、make contact は「(自分から主体的に) 連絡を作り出す」、make an appointment は「(相手と調整して) 予約を作り出す」と解釈することも可能でしょう。しかし、とってつけた感は否めませんので、素直に暗記した方が良さそうです。

単語のコア・ミーニングを知る上では、『コンパスローズ英和辞典』(研究社)・『オーレックス英和辞典』(旺文社) などの辞書や、オンライン辞書 weblio (https://ejje.weblio.jp) が参考になります。get, have, take, make といった基本動詞のコア・ミーニングに関しては、『英語のしくみがわかる基本動詞24 新装版』(研究社) などの書籍も有益です。

なお、コア・ミーニングは文法学習に役立つこともあります。詳しくは、第4章「『宣言的知識』と『手続き的知識』を身につける」をご覧ください。

3

覚えるべき英単語の見分け方

働き者の単語と怠け者の単語

「出会った英単語を片っ端から覚える」という方針の方もいらっしゃるでしょう。しかし、英語には膨大な数の単語があります。**重要な語を厳選して覚えないと、あまり役に立たない単語を覚えて貴重な時間を無駄にしかねません。**

ところで、英語にはいったいいくつの単語があるのでしょうか？　200万語以上という説もありますが、この質問に答えるのは、専門家であっても困難です。[8]その理由は2つあります。第1に、英語には様々な言語から単語が流入し、また新語も日々生まれているため、正確な数を推定するのが難しいからです。日本語にも、「インボイス」「コンプライアンス」「サブスク（リプション）」といった外来語が流入したり、「3密」「爆買い」「神ってる」などの新語が日々生まれていたりすることを想像するとわかりやすいでしょう。

第2に、「単語」をどのように定義するかによって、この質問への答えは変わってきます。例えば、develop, development, developmental, developmentally は4語でしょうか？　それとも、まとめて1語と数えるべきでしょうか？　redevelop, redevelopment, underdeveloped や underdevelopment はどうでしょうか？　どこまでを1語に含めるかは難しい問題であるため、英単語の総数を推定するのは一筋縄ではいきません。

なお、語彙習得研究では、単語を数える際に、「ワードファミリー」（word families）という単位を用いるのが一般的です。ワードファミリーでは、ある英単語の活用形と派生形を含めて1語と数えます。例えば、teach のワードファミリーには、その活用形である teaches, taught, teaching や、派生形である teacher(s), teachable, teacherly などが含まれます。さらに、un-, re-, under-, pre- など一部の接頭辞が含まれた単語もワードファミリーに含まれます。teach のワードファミリーに含まれる語を一覧にすると、以下の通りとなります。

見出し語	teach
活用形	teaches（3単現の -s), taught（過去形・過去分詞形), teaching（～ing 形）
派生形	【名詞】teaching, teachings, teacher, teachers 【形容詞】teachable, teacherly, untaught, unteachable

注）以下を元に作成。
Bauer, L., & Nation, I. S. P. (2020). *English morphology for the language teaching profession.* Routledge.

英語には推定しきれないほど多くの単語がありますが、母語話者でもその全てを知っているわけではありません。成人の英語母語話者は、平均2万ワードファミリー程度の英単語を知っていると言われています。[9]

一方で、日本の大学生が知っている英単語の数は、2,000語程度という推計もあります。[10]「頑張って英語を勉強しても、母語話者には全然かなわない。やはり英語は難しいなぁ」と思われるかもしれませんが、母語話者と同じレベルの語彙力がなくても、英語を使いこなすことはできます。**英語には多くの単語がありますが、重要なものは限られているため、それらを集中して勉強すれば良いからです。**

それでは、ある単語が重要かどうかはどう判断するのでしょうか？　単語の重要性を判断する基準の1つとしては、「必要性」（need）が考えられます。例えば、英語で医学を勉強したいのであれば、医療関係の専門用語を優先して学習すべきです。しかし、必要性は学習者ひとりひとりによって異なるため、定量化するのが難しいという欠点があります。

より客観的な基準としては、その単語の使用頻度（frequency）があります。言い換えれば、英語を聞いたり読んだりする際に頻繁に遭遇する単語は、出現率が低いマイナーな単語よりも優先して学ぶべき、ということです。

単語の使用頻度は、Corpus of Contemporary American English（以下、COCA）などのコーパス（corpus）で調べられます。コーパスとは、「ある目的のために体系的に収集された電子テキスト」を指します。COCA は、小説・新聞・雑誌・Web サイトなどの書き言葉や、TV 番組・映画などの話し言葉を収集して作成されました。例えば、COCA に動詞 get は約330万回出現していますが、obtain は約5万回しか出現していません。この2つの動詞はいずれも重要ですが、どちらか1つだけ選ぶとしたら、obtainよりも頻繁に使われる（＝使用頻度が高い）getを優先すべきです。

単語の出現頻度に関して、「Zipfの法則」（Zipf's law）というものが知られています。この法則は、簡単に言うと「ごくわずかな単語があらゆるテキストの大部分を占め、それ以外の大多数の単語はめったに出現しない」というものです。以下のグラフをご覧ください。

単語の出現頻度とカバー率（%）の関係

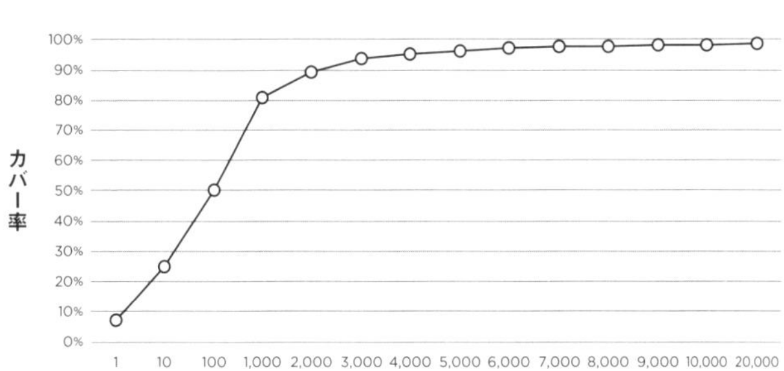

注）単語の出現頻度ランキングと一般的なテキストにおけるカバー率の関係。以下等を元に作成（なお、カバー率には固有名詞等も含む）。
Nation, I. S. P. (2022). *Learning vocabulary in another language* (3rd ed.). Cambridge University Press.

上のグラフは、単語の出現頻度ランキングと、一般的なテキストにおけるカバー率（coverage）の関係を示したものです。「カバー率」とは、その単語がコーパス中の全単語の何パーセントをカバーしているか（＝占めているか）を示す数字です。例えば、「カバー率が1％」であれば、100語の英文テキストを読んだ際に、その単語が1回出てくるという意味です。

英語で最も頻度が高い単語は定冠詞theですが、theだけで一般的なテキストの約7％をカバーできると言われています。一般的な英語の書籍は、1ページあたり300語程度ですので、1ページにtheが約21回出てくる計算になります。

次に、最も頻度が高い10ワードファミリーで一般的なテキストの約25％、100ワードファミリーで約50％をカバーできます。100ワードファミリーのみで英語の約半分がカバーできるというのは、「もしかしたら英語はそんなに難しくないかも？」と勇気づけられる数字です。[11]その後も1,000ワードファミリーで約80％、2,000ワードファミリーで約90％、3,000ワードファミリーで約94％と、カバー率は順調に増えていきます。しかし、3,000ワードファミリー以降は苦労して単語を学んだとしても、カバー率はごくわずかしか増えないことがグラフからわかります。

単語の出現頻度とカバー率の関係から読み取れるのは、英語ではごく少数の単語がテキスト中の大部分を占めており、その他の単語はめったに出現しない、ということです。たとえるなら、**英単語はごく少数の働き者と、その他大勢の怠け者から成り立っている、と言えます**（「あれ？　うちの職場のことかな？」という声がチラホラ聞こえてきたのは気のせいでしょうか…）。

ちなみに、ごく少数のものが大部分を占めることは、「80:20の法則」と言われ、語彙だけでなく世の中のあらゆるものにあてはまると言われています。[12]例えば、世の中の富の80％は20％の富裕層が所持し、会社の売り上げの80％は20％の顧客からもたらされ、会社へのクレームの80％は20％の顧客によるものである、といった具合です。

英単語を学習する際には、めったに使われない怠け者の単語に貴重な時間を費やすのは避け、働き者の単語を優先すべきです。なお、学習者にとっての難易度と母語話者の使用頻度は必ずしも一致しないことに注意しましょう。例えば、derive, immune, oblige は一見難しく感じるかもしれませんが、英語で最も頻度が高い3,000ワードファミリーに入っているため、「働き者」と言えます。一方、cute, idol, koala は多くの学習者に馴染みがある単語ですが、最も頻度が高い3,000ワードファミリーには入っていないため、「怠け者」です。

ある単語の頻度レベルを調べる際には、「語彙プロファイラー」というツールが活用できます。Web 上で無料で利用できるものとしては、Compleat Web VP（https://www.lextutor.ca/vp/comp）や New Word Level Checker（https://nwlc.pythonanywhere.com）があります。詳しい使い方については、拙著『英単語学習の科学』（研究社）の第2章や、筆者のブログ記事 http://howtoeigo.net/2020/08/13/lextutor/ をご覧ください。

英単語は4種類ある

英単語は一般的に、（1）高頻度語、（2）低頻度語、（3）アカデミック語彙、（4）専門語彙の4種類に分けられます。それぞれの特徴は以下の通りです。

（1）高頻度語

（1）高頻度語は、英語で最も頻度が高い3,000ワードファミリーから構成されます。このグループに属する語だけで、**一般的な英文の約94〜95%をカバーすると言われています。**英単語学習においては、これらの高頻度語をあらゆる手段（単語集やアプリなど）を総動員してでも覚えるのが最優先課題です。高頻度語には、代名詞（例：I, she）・接続詞（例：because, and）・前置詞（例：by, on）などの機能語（function words）や、基本動詞（例：have, put, hold）が含まれます。

高頻度語は3,000ワードファミリーと数自体は多くありませんが、多義語（put や take のように複数の意味を持つ単語）や、文法と密接に結びついた単語（疑問文・否定文で使われる do や受動態・進行形などで使われる be 動詞など）が多いため、1つ1つの単語を完全にマスターするのは一筋縄ではいきません。例えば、冠詞 the と a の使い分けは、かなりの英語上級者であっても難しいでしょう。

(2) 低頻度語

(1) 高頻度語以外の全ての単語は、(2) 低頻度語に分類されます。[13]高頻度語と比べると1語あたりのカバー率はだいぶ下がるため、学習すべき優先順位は低くなります。

一方で、**映画や会話などの話し言葉を理解するには6,000〜7,000ワードファミリー、小説・新聞などの書き言葉を理解するには8,000〜9,000ワードファミリー程度の知識が必要と言われており、**高頻度語3,000だけでは英語を実用レベルで使いこなせないことも確かです。[14]英語の上級者を目指す方は、高頻度語3,000に低頻度語5,000〜6,000をプラスして、8,000〜9,000ワードファミリー程度の語彙力を目標にしましょう。

自分がどのくらいの単語を知っているかは、Vocabulary Size Test などの語彙テスト（https://www.lextutor.ca/tests/vst/、無料）で推定できます。

(3) アカデミック語彙

アカデミック語彙とは、その名の通り、英語で書かれた専門書や論文など、学術分野で頻度が高い単語です。アカデミック語彙のリストはいくつか発表されていますが、最も知られているのはアヴリル・コックスヘッド氏（ヴィクトリア大学ウェリントン）によって作成された Academic Word List でしょう。[15]このリストには、学術分野で頻度が高い570ワードファミリー（例：amend「～を修正する」, circumstance「事情、状況」, diminish「減少、減少する」, qualitative「質的な」）が収録されています。Academic Word List は、以下の URL から無料で利用できます。

http://www.victoria.ac.nz/lals/resources/academicwordlist

Academic Word List 収録語は、文系や理系など分野を問わず幅広く使われるため、英語でアカデミックな内容を扱いたい際には、ぜひ覚えておきましょう。論文に限らず、**新聞や小説などを読む際にも、Academic Word List 収録語の知識は役立ちます（新聞の約4%、小説の約2%をカバーすると言われています）**。そのため、学術的な内容に限らず、英語で知的に高度な内容を扱いたい方全般にお薦めです。高頻度語3,000を習得した後は、Academic Word List 収録語に挑戦しましょう。

(4) 専門語彙

専門語彙とは、ビジネス・経済学・医学・生物学・言語学など、特定の分野で使用頻度が高い単語です。専門語彙の中には高頻度語に分類されるものもあれば、低頻度語に分類されるものもあります。例えば、stress, type, voice はいずれも高頻度語ですが、**言語学では stress は「強勢」、type は「異なり語数」、voice は「態（注：受動態や能動態の態）」という専門用語として用いられます。**同時に、infinitive（不定詞）, diphthong（二重母音）, morpheme（形態素）など、低頻度語に分類される専門語彙もあります。

専門用語は、専門分野に関する知識とともに学んでいくのが一般的です。例えば、diphthong（二重母音）や morpheme（形態素）という言語学の専門用語を学ぶ上では、「二重母音とは何か」「形態素とは何か」という概念を学ぶことが不可欠です。そのため、専門用語を学ぶ際には、その分野に関する専門的な文献が何よりの教材となります。

また、専門用語をまとめたリストを使うのも良いでしょう。例えば、Secondary School Vocabulary Lists（SVL）は、生物・化学・経済・地理・数学・歴史・物理・英語という8分野における専門用語を収録したリストで、https://www.eapfoundation.com/vocab/other/svl　から無料で利用できます。例えば、経済に関する専門語彙としては、shareholder（株主）, depreciation（価値低落、下落）, inventory（目録、棚卸し表）, accountant（会計士）, entrepreneur（企業家）などが挙げられています。高頻度語とアカデミック語彙を学んだ後は、自分の関心がある分野に関する専門語彙を学びましょう。

4 英単語学習法の最適解

「語彙力はなぜ重要なのか」「どのような英単語を覚えるべきか」という語彙学習の基本をおさえたところで、お待ちかねの「英単語はどのように学習すれば良いか」について紹介します。

単語の学習法を考える上で重要なことは、「あらゆる語彙のあらゆる知識を効果的に習得できる、完璧な英単語学習法は存在しない」ということです。

効果的な学習法は、「どのような単語を学びたいか」によって変わります。例えば、高頻度語は書き言葉や話し言葉で頻繁に使われるため、多読・多聴を通して文脈から自然に習得することは可能でしょう。

一方で、低頻度語は書き言葉や話し言葉で使われることがめったにないため、多読・多聴などの意味重視学習のみに頼るのではなく、単語集やアプリなどを使用した言語重視学習（第1章を参照）も組み合わせた方が効率的です。

効果的な学習法は、「単語のどのような知識を身につけたいか」によっても変わります。すでに述べた通り、英単語の和訳を覚えたからといって、その単語をマスターしたことにはなりません。単語を使いこなすためには、その単語の発音・スペリング・連想・文法的機能・コロケーション・使用に関する制約など、様々な知識（語彙知識の「深さ」）を身につける必要があります。単語のスペリングを習得したいのであれば、単語を繰り返し書くなど、スペリングに注意を払うトレーニングが必要でしょう。また、単語を発音できるようになりたいのであれば、その単語の発音を聞いたり、実際に発音したりするなど、発音に特化したトレーニングが効率的でしょう（第1章で紹介した「転移適切性処理説」を参照）。

「どのような単語のどのような知識を身につけたいか」によって最適な学習法は異なるため、語彙学習を成功させるには、特定のテクニックに偏ることなく、様々な学習法をバランスよく組み合わせることが不可欠です。それでは、どのような学習法をどのような時に用いれば良いのでしょうか？　以下に説明します。

1. 単語集

単語集を使った学習は、おそらく最も一般的な英単語学習法の1つでしょう。中学校・高校で配付された単語集で学習したり、大学受験のために単語集で学習したりした経験を持つ方は多いのではないでしょうか。日本における英単語集の歴史は古く、江戸時代にまで遡ると言います。[16]

単語集の利点は、多くの単語を短時間で学べることです。「単語集の効果は短期的なもので、暗記してもすぐに忘れてしまう」と批判されることもありますが、**定期的に復習すれば、暗記した単語の記憶は何年も保持されます。**[17]単語集による学習は、書き言葉や話し言葉であまり使われない**低頻度語の学習に特に適しています。**

もちろん、単語集を使った学習にも欠点はあります。それは、スペリングと和訳の学習には適しているものの、**「その単語を実際にどのように使うか」を身につけるのが難しいことです。**言い換えれば、語彙知識のサイズを増やすのには適していますが、深さを身につけるには不向きです。

単語集には欠点があることも事実ですが、他の学習法と組み合わせることで、欠点を補えます。例えば、単語集で学習した単語に多読をしている際に出会うことで、その単語を実際にどのように使えば良いかに関する理解が深められるでしょう（なお、すでに述べた通り、あらゆる語彙のあらゆる知識を効果的に習得できる完璧なテクニックは存在しないため、どのような学習法にも限界はあり、単語集だけに欠点があるわけではありません）。

単語集の学習効果を高める工夫

単語集による学習は、スペリングと和訳を学ぶ上では、非常に効果的です。以下の工夫をすることで、その効果をさらに高められます。

1）英単語や和訳を思い出す練習をする

第1に、英単語と和訳をただ眺めるのではなく、**英単語から和訳を思い出したり、和訳から英単語を思い出したりする想起**

練習（retrieval practice）をしましょう。外国語の語彙学習において、想起練習の効果を調べた有名な研究があります。[18]この研究では、アメリカの大学生に、スワヒリ語の単語40個を学習してもらいました。

スワヒリ語の単語とその訳語を眺める学習を2回行った場合、1週間後の事後テストの正答率は33％でした。それでは、スワヒリ語の単語とその訳語を眺める回数を2回から約4回に増やした場合は、正答率はどのくらいになったでしょうか？学習回数が2倍になっているので、正答率も2倍くらいに上がっても良さそうなものです。しかし、実際には1週間後の正答率は36％で、3％の微増にとどまりました。

一方で、スワヒリ語の単語を見て、その訳語を思い出すという想起練習の回数を2回から約4回に増やすと、1週間後の正答率はどのくらい増えたでしょうか？　なんと、33％から81％に、すなわち約2.5倍も上がっていました。

この研究は、**外国語の単語を記憶に定着させたい場合、単語とその意味を繰り返し眺めるよりも、単語に関する記憶を思い出す想起練習をした方が効果的なことを示唆しています。**著名な心理学者であるロバート・ビョーク氏（UCLA）も、“Whenever we ask someone to tell us a name or number that might be retrievable from our own memory, we rob ourselves of a learning opportunity.”（自分で思い出せるかもしれない名前や数字を誰かに教えてもらう度に、我々は自分自身の学習の機会を奪っているのだ。Bjork, 1988, p. 398）と述べ、想起練習の重要性を強調しています。[19]

ところで、想起練習はなぜ記憶保持を促進するのでしょうか？　このメカニズムも、転移適切性処理説（第1章を参照）によって説明できるでしょう。すなわち、**英単語から和訳を思い出せるようになる最も効果的な方法は、英単語から和訳を思い出す練習（＝想起練習）をすることです。**一方で、英単語とその和訳を同時に眺める練習をすると、英単語とその和訳を同時に眺めるのが得意（？）になるかもしれませんが、英単語を見てその和訳を思い出す能力は高められないのです。

英単語集で勉強する際にも、想起練習を取り入れましょう。例えば、英単語とその和訳をただ眺めるのではなく、英単語を見てその意味を思い出したり、和訳を見てそれに対応する英単語を思い出したりしましょう。英単語集の中には半透明の赤シートが付属しており、赤字部分を隠せるものがあります。想起練習が簡単に実現できるという点で、赤シートを使用した学習は記憶研究に基づいた合理的な学習法です。

2）単語知識の流暢性を高める

第1章で述べたように、英語でコミュニケーションをとるためには、ゆっくり考えてやっと英単語の意味が思い出せるというのでは不十分です。英単語を見た瞬間に意味が思い出せたり、あるいは意味に対応した英単語を瞬時に思い出せたりするように、流暢性（＝スピード）も身につけることが欠かせません。**和訳や英単語を思い出すまでに制限時間をつけるなどして、流暢性をつけるトレーニングをしましょう。**

3）英語→日本語、日本語→英語の両方向で勉強する

英単語に関する知識は、受容知識（receptive knowledge）と産

出知識（productive knowledge）とに分けられます。受容知識とはインプット（リスニングとリーディング）に必要な知識で、産出知識とはアウトプット（スピーキングとライティング）に必要な知識です。

インプットとアウトプットの能力をバランスよく伸ばしたいのであれば、受容知識と産出知識の両方が必要です。**受容知識を伸ばすためには、英単語を見て、その意味（和訳）を思い出す練習をしましょう（受容練習）。産出知識を伸ばすためには、意味（和訳）を見て、それに対応する英単語を思い出すという逆方向の練習（産出練習）をしましょう。**転移適切性処理説によれば、受容練習は受容知識の発達を促進し、産出練習は産出知識の発達に有効だからです（第1章を参照）。[20]

受容練習	英単語を見て、その意味（和訳）を思い出す練習。 例）apple を見て、「りんご」を思い出す。
産出練習	意味（和訳）を見て、それに対応する英単語を思い出す練習。 例）「りんご」を見て、apple を思い出す。

もし、時間的な制約から、**どちらか1つの練習しかできないのであれば、受容練習よりも産出練習をするのがお勧めです。**[21]これまでの研究では、受容練習をすると受容知識が大きく伸びる一方で、産出知識はほんのわずかしか増えないことが示されています。一方で、産出練習をすると、産出知識が大きく伸びるのはもちろん、受容知識もある程度身につきます。[22]

その理由としては、受容練習よりも産出練習の方が難しいことが関係していると考えられます。つまり、普段から難易度が高い練習（＝産出練習）をしていると、難易度が高いテスト（＝

産出知識を測定するテスト）に対応できるのはもちろん、難易度が低いテスト（＝受容知識を測定するテスト）にもある程度対応できるようになります。一方で、難易度が低い練習（＝受容練習）しかしていないと、難易度が低いテスト（＝受容テスト）では良い点が取れるものの、難易度が高いテスト（＝産出テスト）に対応する能力はあまり伸びないようです。

また、英語力が低いうちは受容練習の方が効果的で、英語力が高くなると産出練習の方が良いことを示唆する研究もあります。[23]

2．単語カード

単語集による学習と同じく、単語カード学習も効果的・効率的です。単語カードを使うと多くの単語が短時間で身につき、定期的に復習を行えばその効果は長期間持続します。特に、**書き言葉や話し言葉でめったに使われない単語（低頻度語）の学習に適しています。**

さらに、単語集と比較して、単語カードは3つの点で優れています。第1に、想起練習がしやすいという利点があります。「1. 単語集」で述べたように、英単語に関する記憶を思い出す想起練習をすることで、長期的な記憶保持を飛躍的に高められます。単語集では、英単語のすぐ隣に和訳が書かれていることが多いため、英単語と和訳が同時に視界に入ってしまい、想起練習がしにくいという欠点があります。一方で、単語カードでは英単語とその意味を別々の面に書けるため、**英単語から和**

訳、あるいは和訳から英単語を思い出す想起練習を容易に行えます。想起練習がしやすいという点で、単語カードは単語集よりもすぐれています。

第2に、**カードをシャッフルすることで、出題順序を柔軟に変えられるのも単語集にはない利点です。**単語集で学習していると、「dispatch の後は s で始まる単語だったから、次の単語は supplement だな」「このページのはじめの単語は、確か horizontal だったな」というように、単語の提示順序や場所と関連付けて、単語が記憶されてしまうことがあります。これはリスト効果（list effect）と呼ばれる現象です。リスト効果が原因で、単語集の中では思い出せるのに、提示位置というヒントがない場面（実際の会話やテスト）ではその単語を思い出せなくなる危険性があります。単語カードであれば、カードを毎回シャッフルして提示順序を変えることで、リスト効果の影響をある程度抑えられるでしょう。[24]

第3に、単語カードであれば、「覚えた単語」「自信がない単語」「これから学習する単語」など、記憶への定着度に応じて単語を複数のグループに分けることで、苦手な単語や定着度が低い単語を重点的に学習できます。

単語集にはない利点が多くあるという点で、単語カードは非常に優れた教材です。一方で、単語カード学習にも欠点はもちろんあります。

最も大きな欠点は、スペリングと和訳の学習には適しているものの、「その単語を実際にどのように使うか」を身につけるのが難しいことです。単語集と同じく、語彙知識のサイズを増やすのには適していますが、深さを身につけるには不向きなのです。また、単語カードは多くの場合自作する必要があるため、作成するのに手間がかかるのも欠点です。

とはいえ、単語集と同じく、単語カードによる学習も、日本の英語学習者には根強い人気があります。ノーバート・シュミット氏（ノッティンガム大学）の調査によると、日本の中学生の約50％、高校生の約30％が単語カードで英単語を学習しているといいます。[25]欧米では丸暗記は人気がないイメージがありますが、**米国の大学生の約7割が単語カードで学習しているという調査結果もあります**（ただし、この米国での調査は、外国語学習に限ったものではないことに注意しましょう。つまり、「約7割」という数字には、歴史や経済など、外国語以外の学習に単語カードを使っている学生も含まれています）。[26]

筆者は単語カードに関する研究を約20年行っています。また、イギリスの出版社Routledgeから2020年に刊行されたRoutledge Handbook of Vocabulary Studiesという語彙習得に関する専門書（600ページを超える書籍です）では、単語カード学習に関する章の執筆を担当しました。[27]そのため、単語カードに関してバイアスがかかっているかもしれませんが、**単語カード学習は最も効果的な語彙学習法の1つと考えられています。**

例えば、語彙習得研究の第一人者であるポール・ネイション氏（ヴィクトリア大学ウェリントン）は、単語カード学習は「最も効果的な4つの語彙学習方略の内の1つ」であると述べています（ちなみに、残りの3つは「語部品（語源）による学習」「辞書の使用」「文脈からの意味推測」です）。また、ポール・ネイション氏とスチュワート・ウェブ氏は、Technique Feature Analysis という枠組みを用いて、12の語彙学習活動（例：単語カード、語呂合わせ、穴埋め問題、新出語を使った英作文）を分析しました。その結果、単語カード学習が最も効果的な語彙学習法であると結論づけています。[28]

3．単語学習アプリ

近年では、スマートフォンの英単語学習アプリ（mikan や Quizlet など）も人気を集めています。単語学習アプリには、紙の単語カードにはない利点が多くあります。

具体的には、以下のような利点が挙げられるでしょう。

① **画像・動画・音声など、紙の単語カードでは実現が難しい情報が扱える。**例えば、実際の音声を聞くことで、スペリングだけでなく正確な発音も学ぶことができる。

② 苦手な単語は頻繁に出題するなど、**記憶への定着度に合わせた個別の復習スケジュールが実現できる。**また、記憶への定着度が低いうちは難易度が低い形式（例：多肢選択）で練習し、学習が進むにつれてより難しい形式（例：スペリングや和訳を自分で入力する）に自動的に移行することも可能。

③ 紙の単語カードでは実現が難しい練習問題（例：英単語の発音を聞いてそのスペリングをキーボードで入力する問題や、英単語を見てその意味を選択肢から選ぶ問題）も実装できる。

④ 市販のアプリの中には、分散効果や想起練習効果など、効果的な学習原則に基づいて作成されたものがある。これらのアプリを使うことで、**学習者自身は意識しないでも、効果的な原則に基づいた学習ができる**（同時に、必ずしも効果が実証されていない理論に基づいたアプリもあるため、過度な期待は禁物である）。

注）以下を元に作成。
中田達也.（2019）.『英単語学習の科学』研究社.

さらに、単語学習アプリの中には、コンテンツ作成支援機能がついたものも多くあります。例えば、Quizlet（https://quizlet.com）という単語学習アプリでは、英単語を入力すると、その英単語に関連した和訳や画像などを自動的に提案してくれます。

例えば、launch という英単語を入力すると、「打ち上げる」「始める」「開始する」など、launch に対応した和訳が自動的に表示されるため、和訳を入力する手間が省けます。また、launch と入力した後に「画像」ボタンを押すと、launch に関連した画像が複数表示され、これらを利用して学習が行えます。具体的には、スペースシャトルを打ち上げている画像や、アップル社の CEO だった故スティーブ・ジョブズ氏が新型 iPhone

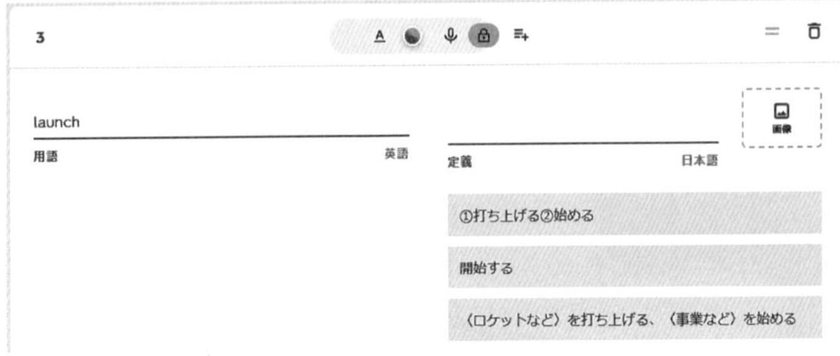

注）Quizlet（https://quizlet.com）で launch の和訳を自動表示している画面。

を発表している画像などが表示されます。

このようなコンテンツ作成支援機能は、紙ベースの教材にはない、単語学習アプリならではの機能です。また、**自分で一からコンテンツを作成しなくても、出版社や他のユーザーが作成した既製のコンテンツを使用できるアプリも多くあります。**例えば、Quizlet で「英検」や「TOEIC」と検索すると、英検対策や TOEIC 対策に役立つ英単語セットが多数見つかります。学校で英語の授業を受けている方は、授業で使っている教科書の名前を検索してみましょう。運が良ければ、教科書の収録語彙をまとめた単語セットが見つかるかもしれません。

英単語学習アプリには様々なものがあり、どのアプリを使えば良いかは難しい問題です。立教大学大学院で筆者の指導学生だった海津泰雅氏は、mikan, iKnow!, Memrise, Quizlet, Brainscape, WordHolic! というスマホの単語学習アプリに関する研究を修士論文の一環として行いました。[29]その結果、それぞれのアプリには次のように異なる長所があることが示されました。

	長所
mikan	英単語に関する様々な情報（例：発音記号や品詞）を提示してくれる。
iKnow!	復習スケジュールの調整に優れている。
Memrise	ビデオで単語の発音を確認でき、録音機能もあるため、発音の学習に特に適する。
Quizlet	無料で使用できる機能が他のアプリと比較して多い。
Brainscape	外国語学習だけでなく、世界史や数学など他教科のコンテンツが充実している。
WordHolic!	単語に関するメモをユーザーが自由に追加できる。

それぞれのアプリに異なる強みがあるため、「このアプリがベスト」と断言するのは難しいようです。

また、アプリはバージョンアップが頻繁に行われ、日進月歩で新しい機能が追加されます。そのため、今日の時点ではアプリAがベストでも、明日にはアプリBの方が良くなっている可能性もあります。様々なアプリを試して、ご自身のニーズに合ったものを探してみましょう。

4. 語呂合わせ

「ウィリアム・シェイクスピアは1564年に生まれ、1616年に死んだ」と言われても、覚えるのは難しいでしょう。しかし、「ひとごろし、いろいろ」（1564・1616）と語呂合わせをすると、格段に覚えやすくなります（シェイクスピアの戯曲では殺人がよく起こるため、ぴったりの語呂合わせですね）。

第二言語習得研究で世界的に著名な白井恭弘氏（ケース・ウェスタン・リザーブ大学）は、語呂合わせの有効性を「無意味学習」

と「有意味学習」という観点から説明しています。[30]

無意味学習とは、「シェイクスピアは1564年に生まれ、1616年に死んだ」のように丸暗記することを指します。若いうちは記憶力がすぐれているため、無意味学習でも多くの知識を力技で覚えられるでしょう。しかし、**年齢を重ねるにつれて、丸暗記する能力は次第に衰えていくと言います。**

一方で、シェイクスピアの生没年という未知の知識を、既存の知識構造と結びつけ、意味を持たせる（例：「ひとごろし、いろいろ」という語呂と結びつける）ことは、有意味学習に相当します。有意味学習をしていれば、シェイクスピアの生没年を忘れてしまったとしても、語呂合わせをきっかけにそれを思い出すことができます。結果的に、無意味学習である丸暗記よりも覚えやすくなるのです。

英単語に関しても同様です。「blame＝非難する」と丸暗記するよりも、「blame＝無礼者と非難する」などと語呂合わせをすることで、英単語の意味を長期間覚えられるようになります。

語呂合わせの具体例を以下に示します。

・deny「**でない**と否定する」→ deny＝否定する
・commute「通勤電車は**混むと**大変」
　→ commute＝通勤する

・conflict「**こん**棒**ふり**ふり、conflict」
→ conflict＝争い、衝突
・discipline「**弟子**、**プリン**を食べないようにしつける」→ discipline＝しつけ、訓練する
・consider「結**婚しだ〜**いけど、色々と熟考する」
→ consider＝熟考する
・convince「『この**ビン**の**酢**飲むと、体に良いよ』と納得させる」→ convince＝納得させる
・isolate「**愛想**が**0**ということで孤立させられる」
→ isolate＝孤立させる
・urge「**あ〜じ**っとしていられない、この衝動」
→ urge＝衝動
・mammal 「『**ママ**、お乳**ある**？』とたずねるのは哺乳類」→ mammal＝哺乳類

注）『ワン単　〜ワンコと覚える英単語〜』（学研プラス）などを元に作成。

語呂合わせは、一見ダジャレのように聞こえるため、まじめな学習法として必ずしも評価されていないようです。しかし、**語呂合わせは記憶のメカニズムを利用した効果的な学習法の1つであり、多くの研究が行われています。**[31]特に、低頻度語のスペリングと和訳の学習に適しています。

もちろん、語呂合わせにも欠点はあります。
1つ目の欠点は、あらゆる単語に使用できるとは限らないことです。たまたま良い語呂合わせが見つかれば良いですが、語

呂合わせが思いつかない単語も少なくないでしょう。

第2に、スペリングと和訳の学習には適しているものの、**「その単語を実際にどのように使うか」を身につけるのは困難です。**単語集・単語カードと同じく、語彙知識のサイズを増やすのには適していますが、深さを身につけるには不向きです。特に、単語の発音と語呂がかけ離れている場合もあるため、正確な発音を身につけるのが難しいこともあるでしょう。

このように欠点もありますが、丸暗記ではどうしても覚えられない単語を学ぶきっかけとして、語呂合わせは活用できます。

良い語呂合わせが思いつかない単語に関しては、語呂合わせ以外の記憶術を使いましょう。例えば、以下のような方法があります。

① 例文で覚える
- Boys be **ambitious**!（少年よ、大志を抱け）
  ⇒ ambitious＝野心を持った

② フレーズで覚える
- Prime **Minister**（総理大臣）⇒ minister＝大臣

③ 関連語と共に覚える
- 派生語：predict（～を予言する）- prediction（予言）
- 反意語：supply（供給）- demand（需要）

注）『ワン単　～ワンコと覚える英単語～』（学研プラス）などを元に作成。

前ページに挙げた記憶法は、一見何の共通点もないように見えますが、「英単語と和訳を既存の知識構造と結びつけて覚える」という点では共通しています。つまり、**英単語と結びつける既存の知識が「例文」「フレーズ」「関連語」になっているという違いはあるものの、いずれも有意味学習であるため、語呂合わせと同じ効果が期待できます。**

5. 語源学習法

「語源学習法」とは、単語をパーツ（word parts）に分けて覚える学習法のことです。例えば、export（輸出、輸出する）という英単語は、以下のように分解できます。

export＝ex-（外に）＋ port（運ぶ）→ 輸出、輸出する

森鴎外や夏目漱石も語源学習法を推奨していたといわれ、**由緒ある（？）学習法と言って良いでしょう。**[32]

語源学習法には、3つの利点があります。1つ目の利点は、**単語の意味を長期的に覚えられることです。**「export＝輸出」と丸暗記していると、時間が経つにつれ記憶は薄れていきます。一方で、「export は ex-（外に）＋ port（運ぶ）ことだから、輸出」と理屈をつけて覚えれば、語源が意味を思い出すきっかけとなります。すなわち、単語の意味を語源と結びつけることで、有意味学習になり、記憶保持が促進されます。

2つ目の利点は、**知らない単語の意味を推測するヒントになることです。**例えば、exportという単語の意味を知らなかったとしても、ex-とportというパーツの意味を知っていれば、それらを手がかりにexportの意味を推測できます。

3つ目の利点は、**単語の体系的・効率的な学習が可能になることです。**具体的には、1つのword partの知識が、様々な英単語を学習するきっかけとなります。例えば、「port＝運ぶ」を元に、以下のような多くの単語を覚える手がかりが得られます。

export	ex-（外へ）＋ port（運ぶ）→ 輸出（する）
import	im-（中へ）＋ port（運ぶ）→ 輸入（する）
report	re-（元へ）＋ port（運ぶ）→ 運び戻す→ 報告（する）
support	sup-（下から）＋ port（運ぶ）→下から運び上げる → 支持（する）
transport	trans-（他のところに）＋ port（運ぶ）→ 輸送（する）
portable	port（運ぶ）＋ -able（できる）→ 携帯用の
porter	port（運ぶ）＋ -er（人）→ ポーター、荷物運搬人

注）『語根で覚えるコンパスローズ英単語』（研究社）を元に作成。

語源学習法が特に有効なのは、ラテン語・ギリシア語に起源を持つ英単語、具体的には、**低頻度語・アカデミック語彙です。**低頻度語の約3分の2はラテン語・ギリシア語起源と言われており、語源学習法が使える単語が多いのです。また、アカデミック語彙の約90％はラテン語・ギリシア語起源という推計もあり、語源学習法は学術的な英単語を学習する際にも有効です。

専門語彙の学習に語源学習法が役立つこともあります。例えば、体の部位・臓器・症状など、医療関係の専門用語は語源学習法で学べるものが多くあります（『語源図解 からだと健康の英単語』講談社）。

もちろん、語源学習法にも欠点があります。第1に、あらゆる単語に使用できるわけではない点です。低頻度語の約3分の2はラテン語・ギリシア語起源ということは、それ以外の約3分の1では語源学習法は使えないということです。また、ラテン語・ギリシア語起源の単語でも、**元来の意味と現代的な意味がかけ離れているものがあるため、**ラテン語・ギリシア語起源の単語全てで語源学習法が有効とは限りません。例えば、ambition（大望、野心）は ambi-（周りを）＋ it（行く）＋ -tion（名詞）に分割でき、「昔ローマで官職志願者が白い服を着て街を歩き回ったことから『（官職につく）野心』の意味になった」と言われています（『コンパスローズ英和辞典』）。しかし、「歩き回ること」と「野心」の意味がかけ離れているため、語源に結びつけたとしても意味を覚えるのは大変かもしれません。

第2に、語源学習法はスペリングと和訳の学習には適しているものの、**「その単語を実際にどのように使うか」を身につけるのは困難です。**単語集や単語カードと同じく、語彙知識のサイズを増やすのには適していますが、深さを身につけるには不向きです。

このようにいくつかの欠点はありますが、アカデミック語彙や低頻度語（の一部）を学ぶ上で、語源学習法は非常に有効です。『英単語の語源図鑑』（かんき出版）など、語源学習法に基づく単語集を活用しましょう。Gogengo!（http://gogengo.me）やOnline Etymology Dictionary（https://www.etymonline.com）などのWebサイトで英単語の語源を調べることもできます。

6．カタカナ英語

「サブスクは『定期購読』のことだから、subscriptionは『定期購読』」というように、**カタカナ英語を元に覚えるのも効果的です。**「subscription＝定期購読」と丸暗記するよりも、長期的な記憶保持が可能になります。筆者たちが日本の大学生を対象に行った研究でも、カタカナ語の方が非カタカナ語よりも1.4～1.6倍学習が容易であることが示されています。[33]カタカナ語学習法の効果も、語呂合わせや語源学習法と同じく、有意味学習と無意味学習の対比により説明できるでしょう。

英語における**高頻度語3,000のうち、約半数は日本語でカタカナ語として用いられているという推計もあります。**[34]カタカナ英語を積極的に活用することで、語彙学習という名のエベレストを制覇する手助けとなるでしょう。カタカナ語として用いられている高頻度語は、以下で公開されています。

http://iteslj.org/lists/Daulton-BasewordVocabulary.html
http://iteslj.org/lists/Daulton-BasewordVocab2.html

カタカナ語による学習にも、もちろん欠点はあります。第1

に、語呂合わせや語源学習法と同じく、あらゆる単語に使用できるわけではありません。高頻度語3,000のうち、約半数は日本語でカタカナ語として用いられているということは、残りの半分ではカタカナ語による学習法は使えないということです。

第2に、スペリングと和訳の学習には適しているものの、「その単語を実際にどのように使うか」を身につけるのは困難です。つまり、単語集・単語カード・語呂合わせ・語源学習法と同じく、語彙知識のサイズを増やすのには適していますが、深さを身につけるには不向きです。特に、**和製英語（＝実際の英単語の意味とかけ離れた意味で用いられるカタカナ語）も多くありますので、注意が必要です。**

例えば、「バージョンアップ」「キーホルダー」「モーニングコール」は一見英語のようですが、いずれも和製英語で、正しくはそれぞれ upgrade, key chain（または key ring）, wake-up call です。さらに、日本語で「スキンヘッド」というと坊主頭のことを指します。英語の skinhead にも「坊主頭」という意味はありますが、今日では「反社会的な右翼」「白人至上主義者」という意味で用いられることが多くあります。そのため、**「彼は坊主頭だ」という意味で He is a skinhead. と言うと、思わぬ誤解につながりかねません。**

また、「ドラマ」と呼ばれるテレビ番組のジャンルがありますが、日本語の「ドラマ」と英語の drama は意味範疇が異なります。日本語では「フルハウスは人気の海外ドラマだ」などと言いますが、英語の drama は a serious play for the theatre, television, or radio（COBUILD Advanced English Dictionary より）と定義され、まじめな物語のみをdramaと言います。例えば、ゲーム・オブ・スローンズ、ダウントン・アビー、ホームランド、24などのシリアスな番組はdramaですが、**フレンズ、フルハウス、ビッグバン・セオリー、ジ・オフィスなどの笑いを誘う番組はcomedy（厳密にはsituation comedyまたはsitcom）です。**大学生の時に「フレンズは日本で人気の海外ドラマです」と言おうとして、Friends is a popular drama in Japan. と言ったら、It's not a drama. It's a comedy.（あんなのはドラマじゃない。コメディーだ）と英語話者に半笑いで否定されたトラウマを筆者はいまだに引きずっています。

とはいえ、**日本語学習経験がある英語話者は、我々が和製英語を使ってしまったとしても、こちらの意図を正しく推測してくれることを示唆した研究もあります。**[35]そのため、日本に住んでいる英語話者とやりとりする際には、和製英語のことを気にしすぎなくて良いかもしれません。日本在住経験が長くなると、「クーラー」「ストーブ」「フリーサイズ」などの**和製英語を正しい英語だと勘違いしてしまう英語母語話者もいるといいます**（それぞれ英語ではair conditioner, heater, one size fits allです）。[36]

カタカナ語の中には、**意味は英語とほぼ変わらないものの、発音がかけ離れているものもあります。**例えば、日本語の「カフェ」「キャリア」「ワクチン」は、英語ではそれぞれ「キャフェイ /kæféi/」(café)、「カリーア /kəríə˞/」(career)、「ヴァクスィーン /væksíːn/」(vaccine) に近い発音になります。日本語的な発音では通じないこともありますので、注意しましょう。

カタカナ語をきっかけに英単語を学習する上では、『これで通じる！　和製英語の徹底チェック』（三省堂）、『和製英語が役に立つ』（文藝春秋）、『Native Speakerにちょっと気になる日本人の英語』（ひつじ書房）などの書籍を参考にすると良いでしょう。

7. 書き取り練習

英単語を覚える際に、そのスペリングを何回も書き写すという方も多いでしょう。英単語の書き取り練習は、日本の中学生の91％、高校生の89％、大学生の75％が行っているという調査結果もあり、人気のある学習法です。[37]

書き取り練習は広く行われていますが、他の英単語学習法と同じく、利点もあれば欠点もあります。

最大の利点は、スペリングの知識を身につけるのに役立つ点です。これまでの研究では、英単語のスペリングを書かせるテストで学習効果を測定した場合、書き取り練習は効果的であることが示されています。[38]この結果は、転移適切性処理説（第1章を参照）によって説明できるでしょう。すなわち、**英単語のスペリングを覚えたいのであれば、スペリングに注意を払って何回も書き写すのは効果的です。**

一方で、書き取り練習にも欠点はあります。それは、スペリング以外の語彙知識の習得には適していないということです。意味と単語を結びつけることが求められるテストで学習効果を測定すると、書き取り練習が学習を促進するどころか、逆に阻害することを示した研究もあります。[39]すなわち、oxygen という単語を書き写す練習をすると、**oxygen というスペリングを正しく綴る能力は強化されるものの、「oxygen は『酸素』という意味である」という知識の習得には悪影響を与える可能性があるということです。**その理由としては、単語を書き写すことに意識の大半が割かれ、単語とその意味を結びつけることにまで注意を向ける余裕がなくなってしまうからだと考えられています。

そのため、「単語の正確なスペリングが書けるようになりたい」という場合を除いて、書き取り練習はしなくても良いかもしれません。しかし、「単語を見ているだけでは覚えられないので、実際に手を動かしたい」という方もいらっしゃるでしょう。その場合は、単語を見ながら書き写す（= word copying）のではなく、スペリングを自分で思い出す（= 想起する）練習をしましょう。

「1. 単語集」で述べた通り、英単語に関する記憶を思い出す想起練習（retrieval practice）をすることで、記憶が強化されます。単語を見ながらそのまま書き写す書き取り練習には、想起練習の要素がありません。そのため、スペリングの知識は身につくかもしれませんが、英単語の意味に関する記憶はあまり強化されないのです。

単語を見ながらそのまま書き写す代わりに、「和訳を見て、それに対応する英単語のスペリングを自分で思い出して書く」という練習をしてみましょう。例えば、「酸素」という和訳を見て、それに対応する英単語（oxygen）を思い出して書くのであれば、想起練習の要素があります。そのため、スペリングの知識に加えて、「酸素＝oxygen」という結びつきも強化されるでしょう。

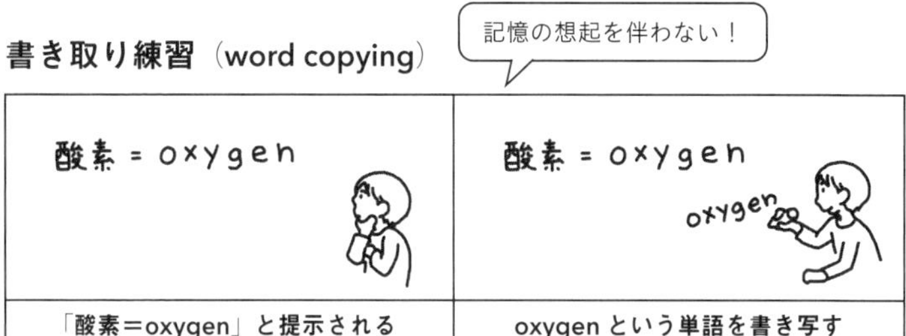

提示された単語をただ書き写すだけでは、想起練習の要素がない。そのため、スペリングの知識は身につくものの、「酸素＝oxygen」という結びつきは強化されない。

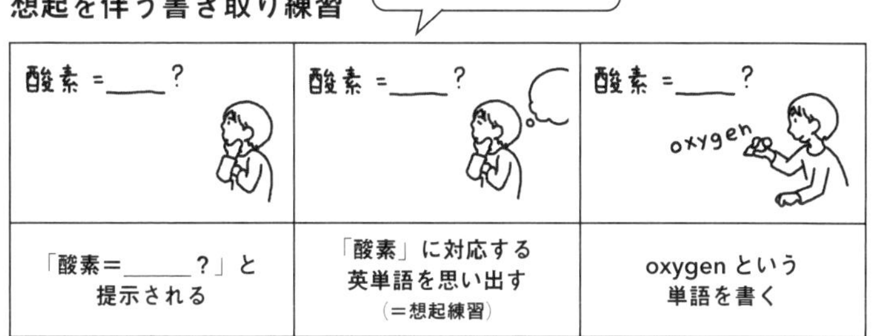

「酸素」に対応する英単語を自分で思い出すことで、スペリングの知識に加えて、「酸素＝ oxygen」という結びつきも強化される。

8. 英作文

新出語を使った英作文も、人気がある学習法です。日本の英語学習者600人を対象にした調査によると、「新出単語を使って英作文をすることは効果的である」と回答した学習者は82%おり、新出語を使った英作文は効果的な学習法と考えられているようです。[40]

しかし、新出語を使った英作文にも、利点と欠点があります。利点は、**単語の意味だけでなく、品詞・語法・活用形・構文などにも注意を払うきっかけになることです。**新出語を文章で正しく使うためには、その単語が正しい意味・品詞・語法・活用形・構文で使われているか、注意深く検討する必要があります。そのため、表面的な和訳だけでなく、深い語彙知識が身につく可能性があります。

欠点は、**文章を書くことに意識の大半が割かれ、単語学習がおろそかになってしまう可能性があることです。**例えば、フランス語または韓国語を勉強している英語話者を対象に、新出語を使って作文することの効果を調べた研究があります。[41]この研究では、参加者は(1)作文条件、(2)作文なし条件のいずれかに割り当てられました。(1)作文条件では、外国語の単語とその意味が提示され、学習者はその単語を使った文章を書きました。(2)作文なし条件では、外国語の単語とその意味が提示されましたが、新出語を使った作文は求められませんでした。

事後テストの結果、(2)作文なし条件で学習された単語の方が、(1)作文条件で学習された単語よりも高い得点に結びついていました。この結果は、**新出語を使った作文が語彙学習を促進するどころか、阻害する可能性を示唆しています。**

その理由としては、前項で紹介した書き取り練習の効果と同様の解釈ができるでしょう。すなわち、文章を書くことに意識の大半が割かれ、単語学習にまで注意を向ける余裕がなくなってしまう可能性があるということです。

ただし、ここで紹介した研究は、あくまでも新出語を使った作文の効果に関するものであり、**すでに知っている単語（既習語）を使った作文の効果を否定するものではないことにご注意ください。**既習語の意味・品詞・語法・活用形を正確に理解しているかを確認するために、すでに馴染みがある単語を使って作文することは、有益だと考えられます。

一方で、まったく馴染みのない単語のスペリングと意味を覚えたいのであれば、本章でこれまでに紹介した学習法（例：単語集・単語カード・単語学習アプリ・語呂合わせ・語源学習法・カタカナ語など）の方が時間もかからず、効率的でしょう。

9. 意味重視の学習

これまでに紹介した8つの学習法は、いずれも「言語重視の学習」に分類されます（第1章を参照）。言語重視の学習には、短時間で多くの単語が学べ、効率が良いという利点があります。一方で、言語重視学習で学んだ知識は、実際のコミュニケーションで使用できるとは限らないという欠点もあります。例えば、単語集・単語カード・単語学習アプリ・語呂合わせ・語源学習法・カタカナ語などを使った学習は、スペリングと和訳の学習には適しているものの、「その単語を実際にどのように使うか」を身につけるのは困難です。言い換えれば、語彙知識のサイズを増やすのには適していますが、深さを身につけるには不向きです。

一方で、**多読・多聴などの意味重視学習には、語彙知識の深さを身につけるのには適しているという利点があるものの、時間がかかり効率が良くないという欠点もあります。**言語重視学習に加えて意味重視学習も行うことで、両者の欠点を補いつつ、語彙知識のサイズと深さをバランスよく伸ばせるでしょう。

具体的には、多読・多聴で多くのインプットを受けたり、英会話・Eメール・テキストチャットなどで単語をアウトプットしたりするのが良いでしょう。詳細は、第6章〜第9章をご覧ください。

第

3

章

定型表現

「定型表現」(formulaic sequences)とは、イディオム・コロケーション・複合語・句動詞など、2語以上のまとまりで特定の意味を持つフレーズのことです。近年の研究では、定型表現に関する知識が英語学習において重要な役割を果たすことが示唆されています。定型表現を習得することで、英語力を飛躍的に高めることができます。

1

なぜ定型表現が重要なのか？

言語の基盤となるのは単語と文法であり、定型表現は言語使用のごく一部を占めるにすぎない、取るに足らないものだという考えが従来は支配的でした。しかし、近年の研究では、**母語話者が書いたり話したりする言葉のうち、約5〜8割が定型表現で構成されることが示されています。**[1]

母語話者は、なぜこんなにも多くの定型表現を使うのでしょうか？　1つの理由は、定型表現を使うことで、正確な言語使用が可能になるからです。例えば、誰かの年齢をたずねる際に、How old are you?（あなたは何歳ですか？）や May I ask your age?（お年をうかがってもよろしいでしょうか？）などの決まり文句を使わずに、How many years is it since you were born?（あなたが生まれてから何年経っていますか？）や How much time has elapsed since the moment of your birth?（あなたの誕生の瞬間からどれくらいの時が過ぎたのですか？）[2]といった耳慣れない表現を使うと、理解してもらえなかったり、誤解につながったりする可能性があります。場面に応じた適切な定型表現を使うことで、メッセージを正確に伝えられます。

もう1つの理由は、定型表現を使うことで、流暢な言語使用が可能になるからです。文法ルールにのっとって単語を1つ1つ並べていると、「ここはgiveかな？　それともhaveかな？」「主語の名詞は単数形かな？　それとも複数形かな？」と様々なことを考えながら話さなくてはいけないため、脳に負担がかかり、スムーズに文を産出するのが困難になります。一方で、すでに定型表現として脳に貯蔵されているかたまりをつなぎ合わせれば、単語を1つ1つ並べて文を一から構築するよりも脳に負担がかからないため、淀みなく流暢な発話が可能になります。

その他、定型表現を使うことには以下の利点があります。

(1) 言語を使って様々な機能（例：依頼・勧誘・承諾・拒絶）を遂行できるようになる
(2) 状況にあった適切な言語を使用できるようになる
(3) すでに知っている単語への知識が深まる
(4) 未知の単語を覚えるきっかけとなる
(5) 文法知識の習得が促進される
(6) ある共同体（コミュニティ）への帰属を示す

詳しくは、拙著『英語は決まり文句が8割 今日から役立つ「定型表現」学習法』（講談社）の第1章をご覧ください。

2

定型表現の分類と特徴

「定型表現」と一口に言っても、イディオム・コロケーション・複合語・句動詞・構文など、様々な種類があります。定型表現の代表的なものを以下の表に示します。

	例
1. イディオム（idioms）	skate on thin ice（薄氷を踏む、危ない橋を渡る）, tie the knot（結婚する、結ばれる）, be in the hot seat（苦境に立っている）
2. コロケーション（collocations）	make a decision（決定する）, strong coffee（濃いコーヒー）, deeply concerned（非常に心配して）
3. 二項表現（binomials）	loud and clear（非常に明瞭に〔で〕）, sweet-and-sour（甘酸っぱい）, bread and butter（バター付きのパン、生計、本業）
4. 複合語（compounds）	police officer（警察官）, breadwinner（一家の稼ぎ手、大黒柱、商売道具）, labor union（労働組合）
5. 句動詞（phrasal verbs）	come back（戻る）, find out（何かを発見する、～について知る）, point out（～を指摘する）
6. 慣習表現（institutionalized expressions）	How's it going?（お元気ですか？）, Practice makes perfect.（練習を続ければ完璧になる、習うより慣れろ）, It is no use crying over spilt milk.（覆水盆に返らず）
7. 構文（constructions）	so that 構文（so A that B＝とても A なので B）、just because 構文（just because A does not mean B＝A だからといって B とは限らない）、クジラ構文（A is no more B than C is B＝C が B でないのと同様に、A は B でない）
8. その他	cold as ice（とても冷たい、とても冷酷な）, a piece of cake（ケーキ一切れ、楽なこと）, explain A to B（A を B に説明する）, by and large（全体的に）

注）『英語は決まり文句が8割 今日から役立つ「定型表現」学習法』（講談社）の第2章を元に作成。

1〜8それぞれの特徴は以下の通りです。

1. イディオム（idioms）

イディオムとは、skate on thin ice（薄氷を踏む、危ない橋を渡る), tie the knot（結婚する、結ばれる), be in the hot seat（苦境に立っている）のように、**比喩的・拡張的な意味を持つフレーズのことです（比喩的イディオム [figurative idioms] と呼ばれることもあります）。**

イディオムには2つの特徴があります。第1に、構成要素から全体の意味を予測するのが難しいという点です。例えば、jump the gun は「フライングする、先走る」という意味のイディオムですが、**jump, the, gun という構成要素の意味から、「フライングする」という意味を想像するのは困難でしょう**（陸上競技でスタートを合図するピストルの前に走り始めることが由来だと言われています）。

2つ目の特徴は、固定度が高いことです。例えば、jump the gun というイディオムでは、**gun を類義語の pistol に置き換えて jump the pistol としたり、rifle に置き換えて jump the rifle としたりすることは普通ありません。**

イディオムの学習法

イディオムを学習する上では、**その由来を理解することが有効です。**例えば、be on the ropes は「すっかりまいって」という意味ですが、**追い詰められたボクサーがふらふらでリングの**

ロープにもたれかかっている様子から、このような意味になったと言われています。「be on the ropes＝すっかりまいって」と丸暗記するのではなく、由来とともに覚えることで、イディオム習得が促進されます。[3]

ボクシングに関連するイディオムには、他にも以下のようなものがあります。一緒に覚えておくと良いでしょう。

イディオム	意味	由来
a body blow	大打撃	ボディブロー（腹部へのパンチ）を受けることから。
down for the count	だめになって、意識を失って	ボクシングでノックアウトされた状態から。count はボクサーがダウンした後に審判が10秒数えることを指す。
lower one's guard	油断する	防御の姿勢を解くことから。
punch above one's weight	実力以上のものに挑む	ボクシングで自分の階級以上の相手に挑もうとすることから。
pull (one's) punches	(普通は否定文で)手加減する	わざと力を抜いてパンチすることから。
roll with the punches	柔軟に切り抜ける	体をゆらしてパンチをかわすことから。
take it on the chin	ひどい打撃を受ける	「パンチをあごに食らう」が元々の意味。
throw in the towel	敗北を認める	ボクシングで敗北を認める際にリングにタオルを投げ入れることから。

注）Oxford Dictionary of Idioms（Oxford University Press）などを元に作成。

イディオムの由来を知る上では、イディオム辞典や The Phrase Finder（https://www.phrases.org.uk）などの Web サイトが有益です。英和辞典でイディオムを調べると、その由来が解説されていることもあります。

また、イディオムの由来を示す画像とともに学ぶことで、イディオム習得が促進されることを示した研究もあります。[4]『英語イディオム語源辞典 語源とイラストでスラスラ覚える』(講談社) など、イラスト付きの教材で学習するのも良いでしょう。

また、Google 画像検索 (https://images.google.com) でイディオムを検索すると、その由来を示す画像が見つかることもあります。例えば、walk on eggshells は「注意深く[慎重に]ふるまう」という意味のイディオムです。I always feel like I have to walk on eggshells around my boss because she's constantly looking for things to criticize. だと、「私の上司は常に批判する材料を探しているので、上司の近くではいつも注意深くふるまわないといけないと感じる」という意味です。Google 画像検索で "walk on eggshells" を検索すると、卵の殻の上を注意深く歩いている人のイラストが多数ヒットします。**画像を見ることでこのイディオムの由来が視覚的にも理解でき、学習の助けになるでしょう。**

イディオムの根底にある比喩 (メタファー) を理解するのも効果的です。例えば、in the dark は文字通りには「暗闇の中で」を意味しますが、「わからない、見当がつかない」という意味のイディオムです。このイディオムの根底には、「理解することは見ることである」(UNDERSTANDING IS SEEING) というイメージがあると指摘されています (『メタファーで読み解く英語のイディオム』開拓社)。つまり、「暗闇の中にいる」とは「何も見えていない」ことなので、in the dark は「わからない、見当がつかない」という意味になるわけです (日本語でも、「お前にはまだ何も見えていない」は、「お前はまだ何もわかっていない」という意味で使われますね)。

その他、get the whole picture（全体像が見える→全体像がわかる), shed some light on ...（〜に光をあてる→〜を明らかにする), see the light（光が見える→わかる、理解する), keep something under one's hat（何かを帽子の下に隠しておく→内緒にする）などのイディオムも、「理解することは見ることである」というイメージで説明できます。複数のイディオムの根底にある英語の比喩（メタファー）を理解することで、多くのイディオムを効率的に習得できるでしょう。

2. コロケーション（collocations）

コロケーションとは、make a decision（決定する), strong coffee（濃いコーヒー), deeply concerned（非常に心配して）のように、**結びつきの強い2つの内容語（名詞・動詞・形容詞・副詞）から構成されるフレーズのことです（語彙的コロケーション［lexical collocations］と呼ばれることもあります）**。

コロケーションとイディオムはよく混同されますが、2つの違いがあります。第1に、コロケーションの方がイディオムよりも意味が予測しやすいという特徴があります。例えば、commit a crime（罪を犯す), high salary（高い給料）などのコロケーションでは、commit, crime, high, salary は文字通りの意味で使われているため、個別の単語の意味からフレーズ全体の意味が推測しやすいのです。

第2に、コロケーションの方がイディオムよりも固定度が低いという特徴もあります。例えば、commit a crime（罪を犯す）というコロケーションでは、crimeをsin（罪）, felony（重罪）, murder（殺人）など、crimeと意味的に類似した単語に置き換えることができます。しかし、delinquency（過失、犯罪）, lie（嘘）, deceit（詐欺）などに使うのはやや不自然であるため、一定の固定度はあります。[5]

イディオムとコロケーションの違いを表にまとめると、以下のようになります。

	具体例	意味の予測性	固定度	説明
イディオム	spill the beans（秘密を漏らす）	×	○	・spill, the, beansという構成要素の意味から、「秘密を漏らす」という意味を想像するのは難しいため、意味の予測性は低い。 ・spillをdropに置き換えたり、beansをpeasに置き換えたりすると、「秘密を漏らす」という意味は失われるため、固定度は高い。
コロケーション	commit a crime（罪を犯す）	○	△	・commitもcrimeも文字通りの意味で用いられているため、意味の予測性は高い。 ・crimeをsin, felony, murderなどの類義語に置き換えることができる。しかし、delinquency, lie, deceitなどに使うのはやや不自然であるため、一定の固定度はある。

コロケーションの学習法

コロケーション学習には、SKELL（https://skell.sketchengine.eu）やJust the Word（http://www.just-the-word.com）などのWebサイトが有益です。これらのWebサイトでは、ある英単語を入力

すると、その単語を含む一般的なコロケーションを一覧表示してくれます。

例えば、SKELL に provide と入力し、Word sketch をクリックした後、"object of provide"（provide の目的語）と書かれた欄を見てみましょう。すると、provide + service（サービス）, information（情報）, support（援助）, opportunity（機会）, access（アクセス）, evidence（証拠）, assistance（援助）などのコロケーションが表示されます。このことから、provide は主に有益なもの

object of provide			object of cause		
1.	service	services provided	1.	damage	damage caused
2.	information	provide information	2.	problem	cause problems
3.	support	provide support	3.	death	cause death
4.	opportunity	provide opportunities	4.	harm	cause harm
5.	access	provide access	5.	loss	losses caused
6.	evidence	provide evidence	6.	injury	cause injury
7.	assistance	provide assistance	7.	disease	disease caused
8.	care	provide care	8.	pain	cause pain
9.	protection	provide protection	9.	controversy	caused controversy
10.	insight	provide insight	10.	change	cause changes
11.	training	provide training	11.	delay	delays caused
12.	benefit	benefits provided	12.	trouble	cause trouble
13.	guidance	provide guidance	13.	confusion	cause confusion
14.	education	provide education	14.	cancer	cause cancer
15.	advice	provide advice	15.	effect	effects caused

注）SKELL で provide＋名詞コロケーション（左）と cause＋名詞コロケーション（右）を検索した画面。provide は有益なものを目的語にとることが多い一方で、cause は主に望ましくないものを目的語にとることがわかる。

を目的語にとると推測できます。一方で、cause と入力すると、cause + damage（損害）, problem（問題）, death（死）, harm（害）, loss（損失）, injury（傷害）, disease（病気）などのコロケーションが表示され、cause には否定的な語感があることがわかります。

3. 二項表現（binomials）

あまり馴染みがないかもしれませんが、二項表現も定型表現の一種です。二項表現とは、loud and clear（非常に明瞭に〔で〕）, sweet-and-sour（甘酸っぱい）, bread and butter（バター付きのパン、生計、本業）のように、**同じ品詞の2つの単語を and や or などの接続詞でつなげたフレーズのことです。**

二項表現の中には、語順が固定されており、自由に入れ替えられないものがあります。例えば、profit and loss（損益）, likes and dislikes（好き嫌い）, give and take（公平にやりとりする、意見交換する）は自然ですが、?loss and profit, ?dislikes and likes, ?take and give と順番を逆にすることは通常ありません。

二項表現の学習法

二項表現の中では、supply and demand（供給と需要→需要と供給）、sooner or later（早かれ遅かれ→遅かれ早かれ）、come and go（来たり行ったりする→行ったり来たりする）など、日本語と英語で順番が異なるものに注意しましょう。二項表現の適切な語順を調べる際には、Netspeak（https://netspeak.org）や Google Books Ngram Viewer（https://books.google.com/ngrams）などの Web サイトが活用できます。

例えば、「貧富」は poor and rich と rich and poor のどちらが一般的でしょうか？　Netspeak に {poor rich and} と入力して検索しましょう。複数の単語を{　}で囲んで検索することで、それらの単語の一般的な語順を調べることができます。

すると、rich and poor が94％であるのに対して、poor and rich は6％でした。この結果から、rich and poor がより一般的であることがわかります（日本語の「貧富」とは逆ですね）。

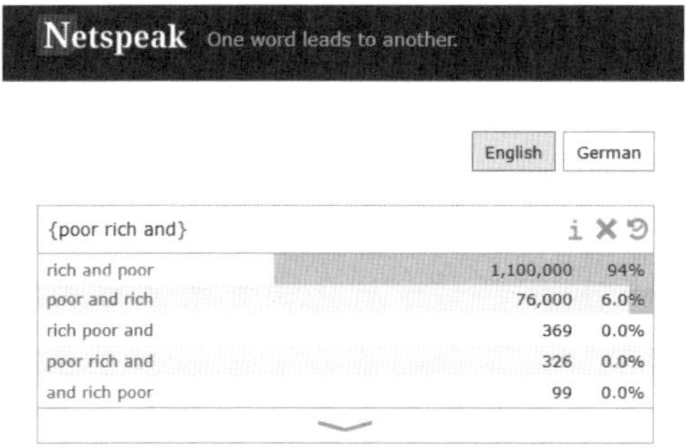

Netspeak One word leads to another.

English　German

{poor rich and}

rich and poor	1,100,000	94%
poor and rich	76,000	6.0%
rich poor and	369	0.0%
poor rich and	326	0.0%
and rich poor	99	0.0%

複数の二項表現の語順を一度に確認するには、DeepL Write（https://www.deepl.com/write）や QuillBot Grammar Checker（https://quillbot.com/grammar-check）などの英文添削ツールが有益です。例えば、次のような文があったとします。

Later or sooner, the concept of **demand and supply** affects everyone, **poor or rich**.

前ページの英文でハイライトした部分は、語順が入れ替わっているものです。例えば、冒頭の later or sooner は、語順を逆にした sooner or later の方がより一般的です。

先ほどの文を DeepL Write に貼り付けると、以下のように書き換えてくれました（画像の右側をご覧ください）。

注）左側が元の英文、右側が DeepL Write が添削した英文。

左右の英文を比べると、以下のように語順を入れ替えた方がより自然になることがわかります。

・Later or sooner ⇒ Sooner or later
・demand and supply ⇒ supply and demand
・poor or rich ⇒ rich or poor

複数の二項表現の語順を一度に確認できるため、Netspeak で個別に調べるよりも時間の節約になります。DeepL Write などの英文添削ツールに関する詳細は、第8章ライティングをご覧ください。

4．複合語（compounds）

複合語とは、police officer（警察官）, breadwinner（一家の稼ぎ手、大黒柱、商売道具）, labor union（労働組合）のように、**複数の単語が組み合わさり、特殊な意味を持つ表現のことです。**

複合語には、以下の3種類の表記方法があります。

1）語間にスペースを入れる：single bed（シングルベッド）, life insurance（生命保険）, post office（郵便局）
2）語間にスペースを入れない：fingerprint（指紋）, textbook（教科書）, sunburn（日焼け）
3）語間にハイフンを入れる：day-to-day（日々の）, last-minute（土壇場での）, low-paid（低賃金の）

複合語の学習法

複合語の厄介なところは、すでに知っている単語から構成されているものが多い点です。そのため、**文中に知らない複合語があったとしても、複合語だと気づきにくいのです。**例えば、light, house, push, pin, smoke, free といった馴染みのある単語でも、それらが組み合わさって複合語になると、意外な意味になります（lighthouse は「灯台」、pushpin は「画鋲」、smoke-free は「禁煙の」という意味です）。**知っている単語から構成されているのに意味がよくわからない表現があったら、「もしかしたら複合語ではないか」と疑い、辞書などで調べましょう。**

複合語の意味を調べる際には、イディオムの学習法で紹介したGoogle画像検索（https://images.google.com）が活用できます。例えば、shrimp cocktailという複合語はどういう意味でしょうか？　エビ（shrimp）の入ったお酒（cocktail）でしょうか？　辞書で調べると、「シュリンプカクテル（小エビの前菜）」（ウィズダム英和辞典）、「エビのカクテル（前菜）」（ジーニアス英和大辞典）、「小エビ入り前菜」（オーレックス英和辞典）とあります。お酒ではなく食べ物のようですが、どんな料理なのかよくわかりません。

そこで、Google画像検索で“shrimp cocktail”と検索してみましょう。すると、カクテルソースが添えられたエビの画像が多数表示され、shrimp cocktailがどのような食べ物か一目瞭然です。画像を見ると、shrimp cocktailはお皿に載せて提供されることもあるものの、多くはカクテルグラスに盛り付けられていることがわかります。「百聞は一見に如かず」（A picture is worth a thousand words.）ということわざの通り、複数の辞書で調べる代わりに、画像検索をすることで疑問が瞬時に解消する場合もあります。

もちろん、辞書が一切役に立たないわけではありません。辞書によっては、shrimp cocktailの項に「辛めのトマトソースをかけたえびの前菜」（コンパスローズ英和辞典）という親切な説明があるものもあります。

その他、superglue, riverbank, greenhouse, picket fence, chain-link fence, sheet metalなどの複合語が何を指すか、Google画像検索で調べてみましょう。

5．句動詞（phrasal verbs）

句動詞とは、come back（戻る）, find out（何かを発見する、〜について知る）, point out（〜を指摘する）のように、**動詞・前置詞・副詞から構成されるフレーズのことです。**

句動詞で注意すべきことは、その多義性です。つまり、**1つの句動詞に様々な意味があるということです。**例えば、make upという句動詞には、「〜を作り出す」「〜を構成する」「〜を作り上げる」「〜を用意する」「〜を調合する」「〜を完全にする」「〜を埋め合わせる」「〜に化粧する」「〜を仕立てる」「〜を丸くおさめる」「〜を受け直す」「〜に燃料を追加する」「〜を舗装する」「〜をまとめる」など、多くの意味があります。

句動詞の学習法

句動詞を学ぶ上では、PHaVE List（PHrasal VErb Pedagogical List）というリストが有益です。PHaVE Listは、アメリカ英語・イギリス英語でよく使われる150の句動詞が頻度順に掲載されたもので、以下のURLから無料で入手できます。

https://www.norbertschmitt.co.uk/vocabulary-resources

PHaVE Listの優れた点は、収録された150の句動詞それぞれについて、使用頻度の高い意味が厳選して掲載されていることです。例えば、英和辞典でpick upという句動詞を調べると、「〜を拾い上げる」「起き上がる」「〜を片付ける」「〜を手に入れる」「〜を身につける」「〜を見つける」など、30近くの意味が書いてあります。

一方で、PHaVE List の pick up の項には、「誰か・何かをある場所から拾い上げる」という意味しか書かれていません。pick up には様々な用法がありますが、「〜を拾い上げる」という意味で使用される場合が大半（71%）だからです。

PHaVE List のさらに便利な点は、それぞれの句動詞を用いた例文も収録されていることです。学習した句動詞をどのように使えば良いかもわかり、句動詞の意味だけでなく、より深い知識も身につきます。

PHaVE List の欠点を1つ挙げるとしたら、句動詞の意味等が全て英語で書かれているため、理解するには一定の英語力が必要であることでしょう。その場合は、『英語はもっと句動詞で話そう』（語研）や『英熟語図鑑』（かんき出版）など、句動詞に関する市販の教材がお薦めです。特に、『英語はもっと句動詞で話そう』は、PHaVE List 収録の句動詞150が全て掲載されているため、PHaVE List を和訳付きで学びたいという学習者に適しています。

6. 慣習表現（institutionalized expressions）

慣習表現とは、通常それ単独で独立した文を形成し、構成要素を入れ替えられないフレーズのことです。具体的には、**How's it going?（お元気ですか？）などのあいさつや、Practice**

makes perfect.（練習を続ければ完璧になる、習うより慣れろ）、Don't judge a book by its cover.（本を表紙で判断してはいけない→外見で中身を判断してはいけない）などのことわざが含まれます。

同じような意味でも、日本語と英語では表現が異なることわざが多いので、注意しましょう。例えば、It is no use crying over spilt milk. は「こぼれた牛乳を嘆いても仕方がない」が文字通りの意味ですが、「覆水盆に返らず」に相当することわざです。日本語の「水」が英語では「ミルク」に替わっていますが、意味はほぼ同じです。他にも、Two heads are better than one.（頭2つは頭一つにまさる→3人よれば文殊の知恵）、Don't count your chickens before they are hatched.（卵がかえる前にひなを数えるな→捕らぬ狸の皮算用）、Let sleeping dogs lie.（眠れる犬は寝かせておけ→触らぬ神に祟りなし）などがこれらに該当します。

英語を外国語として学ぶ我々が無理してことわざを使う必要はありません。例えば、When in Rome, do as the Romans do.（郷に入りては郷に従え）ということわざを知らなくても、When we are in a new place or situation, we should behave like the people around us. などの表現で代用（パラフレーズ）すれば、ほぼ同じ意味を伝えられます。

同時に、話し言葉・書き言葉にかかわらず、ことわざは広く使用されます。そのため、リスニングやリーディングで遭遇した際に、意味が理解できるようにしておくと良いでしょう。

つまり、**ことわざに関して産出知識（productive knowledge; スピーキングやライティングで自分から使える知識）を身につける**

必要はありませんが、受容知識（receptive knowledge; リスニングやリーディングで理解できる知識）は持っておいた方が良い、ということです。

具体的には、『日英対照 実用ことわざ辞典』（講談社）やOxford Dictionary of Proverbs（Oxford University Press）などの書籍で学習しましょう。英語で多読・多聴をして多くのインプットに接する中で、頻度の高いことわざを自然に習得することもできます。

7. 構文（constructions）

構文とは、so that構文（so A that B＝とてもAなのでB）、just because構文（just because A does not mean B＝AだからといってBとは限らない）、クジラ構文（A is no more B than C is B＝CがBでないのと同様に、AはBでない）など、**文の骨組みとなるフレーズのことです。**構文の中には、the 比較級, the 比較級（～すればするほど、…だ）のように、構成要素から全体の意味が予測しにくいものもあるので注意しましょう。

構文を学習する上では、『入試実例 コンストラクションズ 英文法語法コンプリートガイド』（三省堂）などの書籍が有用です。

8. その他

上の1～7以外にも、様々な種類の定型表現があります。代表的なものを以下に示します。

① コアイディオム（core idioms）

by and large（全体的に）, and what not（その他いろいろ）など、**構成要素から全体の意味を予測するのが困難なフレーズは「コアイディオム」と呼ばれます。**すでに紹介したイディオムと似ていますが、両者には違いもあります。それは、イディオムと異なり、コアイディオムはなぜそのような意味になるか説明するのが難しいという点です。

例えば、すでに述べた通り、jump the gunというイディオムは、陸上競技でスタートを合図するピストルの前に走り始めることから、「フライングする、先走る」という意味になったと考えられています。

一方で、and what notは「その他いろいろ」という意味ですが、このフレーズがなぜ「その他いろいろ」を意味するのか、説明は困難です。そのため、and what notはコアイディオムに分類されます。

コアイディオムの一覧は、以下から入手できます（無料）。

https://www.wgtn.ac.nz/lals/resources/paul-nations-resources/paul-nations-publications/publications

（左ページのURLにアクセスし、How many idioms are there in English? というリンクをクリックしてください。）

② 文法的コロケーション（grammatical collocations）

すでに紹介した通り、「動詞＋名詞」「形容詞＋名詞」「副詞＋形容詞」など、結びつきの強い2つの内容語（名詞・動詞・形容詞・副詞）から構成されるフレーズは、「コロケーション」（あるいは「語彙的コロケーション」）と呼ばれます。

一方で、内容語＋前置詞で構成されるフレーズは、「文法的コロケーション」に分類されます。代表的なものには、以下があります。

- 名詞＋前置詞：belief in「～を信じること」, need for「～の必要性」など。
- 形容詞＋前置詞：consistent with「～と一致して」, responsible for「～に対して責任がある」など。
- 動詞＋前置詞：rely on「～を頼りにする」, explain A to B「AをBに説明する」など。

③ 名詞 of 名詞

a piece of cake（ケーキ一切れ、楽なこと）, a cup of tea（お茶1杯、好物）, a loaf of bread（パン1本）, an article of clothing（衣料品1点）, a pile of laundry（洗濯物の山）のように、「名詞 of 名詞」のパターンをとるフレーズも定型表現の一種です。

paper（紙）は a piece［sheet］of paper、shoes（靴）は a pair of shoes、flowers（花）は a bunch of flowers など、**特定の名詞と結**

びつきの強い名詞があることに注意しましょう。日本語でも紙は「1枚」、靴は「1足」、花は「1束」など、名詞によって数え方が違うことをイメージするとわかりやすいでしょう。

④ 群前置詞

according to（～によると）, with [in] regard to（～に関しては）, in front of（～の正面に）, next to（～の隣に）のように、**2語以上で前置詞と同じような働きをするフレーズです。**

⑤ 直喩表現

cold as ice（とても冷たい、とても冷酷な）, easy as ABC（とても簡単な）のように、A as B の形をとる定型的なフレーズです。

直喩表現では、busy as a bee（非常に忙しい）、clear as crystal（透明な、明瞭で）、good as gold（非常によい、申し分のない）など、**同じ音で始まる単語が繰り返し用いられているものが多くあります**（例：**b**usy as a **b**ee では /b/ で始まる単語が繰り返されています）。これは、同じ音を繰り返す（＝頭韻を踏む）ことで言いやすく、さらに覚えやすくなるからだと考えられています。

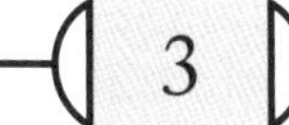

定型表現の学習法

定型表現を学ぶ際にも、意味重視学習と言語重視学習とをバランスよく組み合わせることが欠かせません（第1章を参照）。意味重視の学習活動としては、多読や多聴が挙げられます。**コロケーション・二項表現・複合語など定型表現の多くは、多読や多聴でたくさんのインプットに接する中で、頻度が高いものを無意識のうちに自然に習得すると考えられています。**

例えば、英語の母語話者や上級者は、「tell the truth（真実を言う）や speak the truth（真実を言う）は自然だが、*say the truth とはふつう言わない」「light rain（小雨）は自然だが、*weak rain とはふつう言わない」ということを知っています。**しかし、これら全てのコロケーションについて指導を受け、意識的に学んだわけではありません。**その代わりに、「tell the truth や speak the truth は自然だけど、*say the truth はあまり聞かないな」「light rain はよく耳にするけど、*weak rain はちょっと変だな」という直感を無意識のうちに養っています。このような語感を養うためには、多くのインプットに触れることが欠かせません。したがって、定型表現を身につける上では、多読や多聴をはじめとする意味重視学習が重要な役割を果たします。

意味重視学習は有益ですが、欠点もあります。それは、時間がかかり効率が必ずしも良くないということです。定型表現の知識を短期間で効率よく身につけるには、言語重視学習も不可欠です。具体的には、フレーズ集などを使用して、定型表現を意識的に学ぶことが挙げられます。定型表現の重要性が認識されるにつれ、定型表現を学習するための優れた教材が多く出版されています。以下のような教材を用いることで、重要な定型表現に関する知識を効率よく身につけられます。

- 『英語のハノン フレーズ編』(筑摩書房)
- 『例題で学ぶ英語コロケーション』(研究社)
- 『仲良し単語を知って英語を使いこなそう!―コロケーション学習のすすめ』(小学館スクウェア)
- 『プログレッシブ 英語コロケーション練習帳』(小学館)
- 『フレーズ活用英語塾』(小学館)
- 『これで会話のテンポが激変! すらすら話せる 英語プレハブ表現317』(開拓社)
- 『英熟語図鑑』(かんき出版)
- 『仕事の英語 この単語はこう使う!―仕事で使うキーワードとコロケーション』(桐原書店)
- 『英語はもっとイディオムで話そう』(語研)
- 『英語はもっとフレーズで話そう』(語研)
- 『入試実例 コンストラクションズ 英文法語法コンプリートガイド』(三省堂)

定型表現の学習法についてさらに詳しく知りたい方は、拙著『英語は決まり文句が8割　今日から役立つ「定型表現」学習法』(講談社)の第3章をご覧ください。

第

4

章

文法

単語と並んで、文法に関する知識も言語運用の基盤となる重要な要素です。同時に、「英文法は難しい」「文法用語を見ただけで拒否反応が出る」と苦手意識を持っている方も多いかもしれません。本章を読んで、文法知識を効率的に身につけましょう。

1

「宣言的知識」と「手続き的知識」を身につける

英文法を学ぶ上では、第1章で述べた「宣言的知識」(declarative knowledge) と「手続き的知識」(procedural knowledge) とを区別することが有益です。宣言的知識とは、「主語が3人称単数で、現在時制の場合、動詞の原形に -s をつける」(「3単現の -s」ルール) など、言葉で説明できる知識のことでした。一方で、手続き的知識とは、「主語が3人称単数で、現在時制の場合、動詞の原形に -s を実際につけられる」など、実際に何かができることを指します。

宣言的知識(declarative knowledge)	言葉で説明できる知識のこと。 例)「主語が3人称単数で、現在時制の場合、述語動詞の原形に -s をつける」
手続き的知識(procedural knowledge)	実際に何かができること。 例) 主語が3人称単数で、現在時制の場合、述語動詞の原形に -s を実際につけられる。

英文法を学ぶ際には、以下の2つのステップを経ることが一般的です。

1. 宣言的知識の習得：文法書などを読んで、文法事項に関する宣言的知識を身につける。例えば、3単現の -s に関するルールを明示的に学ぶ。

2. 手続き的知識の習得：文法ドリルなどの練習を通して、手続き的知識の習得を目指す。例えば、She play**s** tennis almost every day. My father work**s** for a bank. My brother like**s** to watch TV. など、3単現の -s が必要な英文を書いたり言ったりするドリルをたくさん解いて、3単現の -s が使えるようになることを目指す。

それぞれのステップについて、以下に詳しく解説します。

1. 宣言的知識の習得

文法知識習得の第1段階として、英語の文法事項に関するルールを明示的に学び、宣言的知識を習得しましょう。具体的には、英文法に関する書籍を1冊読みましょう。『一億人の英文法』（ナガセ）、『表現のための実践ロイヤル英文法』（旺文社）、『SKYWARD 総合英語』（桐原書店）、『ジーニアス総合英語』（大修館書店）、『総合英語 Evergreen』（いいずな書店）など、優れた英文法書が多く出版されています。中身を見て、わかりやすそうだと思ったものを購入すると良いでしょう。大学受験の際に使った文法書がある場合は、それでも構いません。

文法に関する宣言的知識を身につける際にも、語彙学習の時と同じく、**無意味学習ではなく有意味学習になるように努めましょう**（**第2章 p. 111を参照**）。例えば、助動詞 must には次のような多くの意味があります。

義務	～しなければならない
禁止	（否定文で）～してはいけない
勧誘	（you must ... で）ぜひ～してください
希望	ぜひ～したい
主張	～しなければ承知しない
確信のある推量	～に違いない

上のような様々な意味を1つずつ丸暗記するのは無意味学習にあたり、効率的とはいえません。何らかの理屈を考えて、有意味学習にするにはどうすれば良いでしょうか？

『日本人のための英語学習法』（講談社）によれば、mustの中心的な意味（コア・ミーニング）は「話者によって内的に意識される差し迫った必要性や必然性」であり、このコア・ミーニングを基盤に様々な意味を理解できるといいます。具体的には、以下のようになります。

義務	～する必要性がある→～しなければならない
禁止	～する必然性がない→（否定文で）～してはいけない
勧誘	～する必要性がある→（you must ... で）ぜひ～してください
希望	～する必要性がある→ぜひ～したい
主張	～する必要性がある→～しなければ承知しない
確信のある推量	～である必然性がある→～に違いない

注）『日本人のための英語学習法』（講談社）を元に作成。

上のようにコア・ミーニングを手がかりに理屈をつけて覚えることで、有意味学習となり、宣言的知識の習得が促進されるでしょう。

一方で、言語事象は複雑であるため、ありとあらゆる用法がきれいに理屈で説明できるとは限りません。文法知識を習得する上では、抽象的な説明（＝コア・ミーニング）と、具体的な情報（＝用例・実例）の両輪が必要です。したがって、コア・ミーニングによる学習に加えて、多くの用例・実例に触れることも欠かせません。具体的には、多読（第6章）や多聴（第7章）を通して、日ごろから多くの英語に触れましょう。

2. 手続き的知識の習得

文法知識を実際のコミュニケーションで活用するには、宣言的知識を身につけるだけでは不十分で、手続き的知識も身につける必要があります。第1章で述べたように、外国語学習者の場合、優れた宣言的知識を持っていても、手続き的知識には結びついていないことが珍しくありません。例えば、「3単現の -s というルールは知っているけれど、英語を話したり書いたりする際には、つい -s をつけ忘れてしまう」という方も多いでしょう。この場合、3単現の -s に関する宣言的知識はあるものの、手続き的知識の習得が不十分といえます。

手続き的知識を身につけるには、**文法ドリルを解いて知識を定着させましょう。**例えば、『英語のハノン』シリーズ（筑摩書房）や『瞬間英作文』シリーズ（ベレ出版）は、文法を知識として覚えるだけでなく、実際のスピーキングで使えるレベルにまで高めることを目指した教材です。All Things Grammar (allthingsgrammar.com) などの Web サイトでも、文法項目別の練習問題が入手できます。これらを活用して、「知っている知識」（＝宣言的知識）を「使える知識」（＝手続き的知識）にしましょう。

文法ドリルの効果を高める工夫1：ブロック練習だけでなく、ミックス練習も行う

文法ドリルを解く際には、以下の点に気をつけましょう。第1に、「ブロック練習」（blocked practice）だけでなく、「ミックス練習」（mixed practice）もしましょう。ブロック練習とは、同じ文法事項に関する練習問題を連続して解くことを指します。一方で、**「ミックス練習」とは、複数の文法事項に関する練習問題を順不同に解くことを指します。**例えば、過去時制に関する練習問題を10問連続して解くことは、ブロック練習に分類されます。一方で、現在時制・過去時制・完了形・仮定法など、複数の文法事項に関する練習問題を順不同に解くことは、ミックス練習の一例です。

ブロック練習 （blocked practice）	同じ文法事項に関する練習問題を連続して解くこと。 例）過去時制に関する練習問題を10問連続して解く。
ミックス練習 （mixed practice）	複数の文法事項に関する練習問題を順不同に解くこと。 例）現在時制・過去時制・完了形・仮定法など、複数の文法事項に関する練習問題を順不同に解く。

市販の教材では、ブロック練習を採用しているものが多いようです。例えば、先ほどご紹介したAll Things Grammarという Web サイトでは、「現在時制」「過去時制」「完了形」「比較級」など、文法事項ごとにワークシートが用意されています。

しかし、筆者たちが日本の大学生を対象に行った研究では、ミックス練習の方がブロック練習よりも英文法知識の習得に効果的であることが示されています。[1]

ブロック練習では、1つの文法事項を集中的に練習するため、**手応えが感じられ、学習が上手くいっているような気がするかもしれません。しかし、それはあくまでも錯覚に過ぎず、長期的には逆効果であることが多いようです。**

ミックス練習の方がブロック練習よりも学習を促進するという現象も、「転移適切性処理説」によって説明できるでしょう。転移適切性処理説とは、学習の形式とテストの形式が近ければ近いほど、テストでのパフォーマンスが良くなる、という現象のことでした（第1章を参照）。

現実の英会話では、「これから5分間は過去形のみを使用して話しましょう」などと文法事項が指定されることはなく、現在時制・過去時制・完了形・仮定法など、複数の文法事項が順不同に用いられます。その点で、**ミックス練習は実際のコミュニケーションに近いため、普段からミックス練習をしていると、現実のコミュニケーションでも実力を発揮しやすいのでしょう。**

一方で、一度に1つの文法事項しか出題されないブロック練習は、特定の文法事項のみが集中して用いられているという点で、現実のコミュニケーションとはかけ離れています。そのため、ブロック練習で身についた知識は、ドリルの中では発揮できても、それ以外の文脈（英会話や英作文）ではあまり役立たないと考えられます。

ですから、文法ドリルで学習する際には、ブロック練習だけでなく、様々な文法事項を同時に扱うミックス練習も取り入れましょう。例えば、TOEIC・英検などの模擬試験では、複数の文法事項に関する知識が問われますので、これらを解くと良いでしょう。市販の文法教材でも、様々な文法事項がミックスして出題される「まとめテスト」や「実力テスト」が用意されているものもありますので、活用しましょう。

文法ドリルの効果を高める工夫2：筆記練習だけでなく、口頭練習も行う

文法ドリルというと、中学・高校時代に行った筆記でのドリル（例：穴埋め問題、並び替え問題、和文英訳）を思い浮かべる方が多いでしょう。しかし、転移適切性処理説（第1章を参照）によれば、筆記によるドリル練習はライティングで文法知識を使う力の育成には適しているものの、スピーキングで文法知識を使う力はあまり伸びないと考えられます。そのため、**スピーキングで英文法を正しく使えるようになりたいのであれば、筆記ドリルだけでなく、口頭によるドリル練習もしましょう。**口頭によるドリルとしては、「日本語の文を口頭で英語に翻訳する」「イラストの内容を英語で説明する」等の形式が考えられます。[2]『英語のハノン』シリーズ（筑摩書房）や『瞬間英作文』シリーズ（ベレ出版）など、口頭ドリルに特化した教材を使用するのも良いでしょう。口頭でドリル練習を行う際には、正確に答えるのはもちろんですが、なるべく速く答えましょう。スピードを意識した学習を普段から行うことで、スピーキングの正確性だけでなく、流暢性（スピード；p. 55）も高まると考えられます。

2

文法ルールをはじめに学習することは不可欠なのか？

ここまで、英文法に関するルールを明示的に学んで宣言的知識を習得し、その後にドリルを通して手続き的知識を習得する（＝実際に使えるようにする）という前提でお話ししてきました。すなわち、「1. 宣言的知識の習得」→「2. 手続き的知識の習得」という順序です。しかし、文法事項によっては、**必ずしも宣言的知識をはじめに習得しなくても良いという指摘もあります。**[3]

その理由の1つは、宣言的知識がなくても、身につく文法知識もあるからです。例えば、浦野研氏（北海学園大学）は、以下の例を挙げています。[4]

Mr. Brown dreamed that Mr. Green shot *him*.[5]

上の英文中でhimが指すのは誰でしょうか？「英語の代名詞は同じ節内にある名詞を指すことはできない」というルールがあるため、正解はMr. Brown（あるいは、この文中に出てこない他の誰か）です。**日本の中学校・高校ではこの規則を教えていないにもかかわらず、日本語を母語とする中級英語学習者はこの規則を獲得していると言います。**このように、文法事項によっては、宣言的知識をはじめに学ばなくても、自然に身につく場合もあります。

　また、文法事項によっては、手続き的知識がある程度身についてから、はじめて詳細なルールを学ぶのが良いこともあるでしょう。例えば、英語の規則的な複数形に関するルールは、以下のようにきわめて複雑です。

・単数形の語尾に -s をつける。
例）book → book**s**
無声音の次では[s]、有声音・母音の次では[z]と発音される。

・語尾の発音が[s], [z], [ʃ], [ʒ], [ʧ], [ʤ]の場合は、-es をつける。発音は[ɪz]。
例）class → class**es**

・〈子音字+-y〉で終わる語は、y を i に変えて -es をつける。発音は[z]。
例）army → arm**ies**（軍隊）

・-o で終わる語には、-s または -es をつける。発音はどちらも[z]。
例）hero → hero**es**; solo → solo**s**

・-f, -fe で終わる語
多くの語は -f, -fe を -ves にするが、そのまま -s

をつける語もある。
例）leaf → lea**ves**; roof → roof**s**

注）『表現のための実践ロイヤル英文法』（旺文社）を元に作成。

よほど記憶力に自信のある方でない限り、このルールを全て覚えるのは困難でしょう（**ちなみに、上のルールは一部簡略化したもので、実際のルールはより複雑です**）。ですから、「まず宣言的知識を習得してから、手続き的知識を身につけよう」と考えていると、いつまで経っても宣言的知識が習得できず、手続き的知識の習得に進めません。このように文法ルールが複雑な場合は、はじめから完全な宣言的知識の習得を目指すのはあきらめた方が良いでしょう。その代わりに、多読や多聴を通して多くの実例に触れ、「[s]や[z]で終わる単語は、-es をつけることが多そうだ」などの直感を養いましょう。そして、ある程度直感が養われ、手続き的知識が身についたところで、改めてルールを確認してみましょう。このようにして後から宣言的知識を身につけることで、直感的に習得されたルールが整理され、手続き的知識がより強固になるでしょう。

ここまででおわかりの通り、「1. 宣言的知識の習得」→「2. 手続き的知識の習得」という順番は絶対的なものではありません。「英語の代名詞は同じ節内にある名詞を指すことはできない」というルールのように、宣言的知識として教えられなくても自然に身につくルールがあります。さらに、複数形のように複雑なルールに関しては、まず多くの用例に触れて手続き的知識をある程度身につけ、その後にはじめて詳しい宣言的知識を学んで知識を整理する方が適している可能性もあります。

3 ドリルだけでなく、コミュニカティブな練習も必要

文法知識を定着させる上で、文法ドリルは効果的です。同時に、文法ドリルなどの文脈から切り離された機械的な練習を行うだけでは、コミュニケーションで実際に使える文法知識が身につくとは限らないようです。[6]

第二言語習得の分野で著名な研究者であるパッツィ・ライトバウン氏（コンコーディア大学）は、ドリル練習の限界を転移適切性処理説（第1章を参照）により説明しています。つまり、**機械的なドリル練習をすれば、文脈から切り離された状況で文法を使えるようになるかもしれませんが、実際のコミュニケーションで文法を正しく使う能力も身につくとは限りません。**[7] コミュニケーションで文法を使えるようになりたければ、実際のコミュニケーションで文法を使う経験が欠かせないのです。

具体的には、多読（第6章）や多聴（第7章）などで多くのインプットに触れ、意味のある文脈の中で文法事項を理解する機会を多く持ちましょう。また、スピーキングやライティングで文法事項を使う経験も重要です。例えば、スピーキングで過去時制を正しく使えるようになりたいのであれば、過去時制に関するドリルを解くだけでなく、「夏休みにしたことについて1分間

話す」など、**メッセージを伝えることに主眼がある活動（＝意味重視学習）の中で、過去形を使う経験を重ねることが有益でしょう。**

第1章で述べたように、英語学習を成功させるカギは、意味重視学習と言語重視学習とをバランスよく行うことです。文法学習に関しても同様です。文法ドリルという言語重視学習だけでなく、多読・多聴・英会話などの意味重視学習で文法知識を実際に使う機会を多く持ちましょう。

意味重視学習を通して文法力を高めるためには、やりっぱなしにするのではなく、文法に意識を向けるとさらに良いでしょう。例えば、「夏休みにしたことについて1分間話す」という活動を通して過去形の知識を定着させたいのであれば、**1分間のスピーチをスマホなどで録音し、後から聞き直しましょう。そして、過去形がきちんと使えているか、もし使えていないのであれば、その原因は何なのかを振り返りましょう。**もし、英会話スクールやオンライン英会話でレッスンを受ける機会があれば、文法的な間違いを訂正してもらうのも良いでしょう。[8]

ライティングにおいては、Grammarly（https://www.grammarly.com), QuillBot Grammar Checker（https://quillbot.com/grammar-check), DeepL Write（https://www.deepl.com/write）などの英文添削ツールを使用することで、意味重視のアウトプットをしながら、必要に応じて文法に注意を向けることができます（詳細は第8章をご覧ください）。[9]また、ある程度まとまりのある英文を書いた後に、誰かに添削してもらうのも良いでしょう。

4 文法学習に役立つ教材・アプリ

英文法のルールを明示的に学び、宣言的知識を身につける上では、以下のような教材が活用できます。

- 『一億人の英文法』（ナガセ）
- 『表現のための実践ロイヤル英文法』（旺文社）
- 『SKYWARD 総合英語』（桐原書店）
- 『ジーニアス総合英語』（大修館書店）
- 『総合英語 Evergreen』（いいずな書店）

『ヘミングウェイで学ぶ英文法』（アスク出版）や、『英文解体新書』（研究社）シリーズなど、精読用の教材を通して文法知識を身につけることもできます。

ドリル練習を通して文法知識を定着させる上では、以下の教材が良いでしょう。

- 『英語のハノン』シリーズ（筑摩書房）
- 『瞬間英作文』シリーズ（ベレ出版）
- 『はじめてでも「使える英語」が身につく！ 英語復文勉強法』（ジャパンタイムズ出版）
- All Things Grammar（allthingsgrammar.com）

左ページのような教材でドリル練習を行うことで、コミュニケーションで文法が使えるようになる基盤が養えます。

英文法学習に役立つ Web サイト

英文法学習に役立つ Web サイトも多数あります。例えば、「教育用例文コーパス SCoRE」(Sentence Corpus of Remedial English; https://www.score-corpus.org) は、ある文法事項を含む用例を検索するのに便利です。SCoRE を使うと、「受動態」「現在分詞」「過去分詞」「to 不定詞」など、特定の文法事項を含む多くの用例 (和訳・音声付き) を検索できます。

下の画像は、SCoRE で「受動態」に関する用例を表示しているところです。

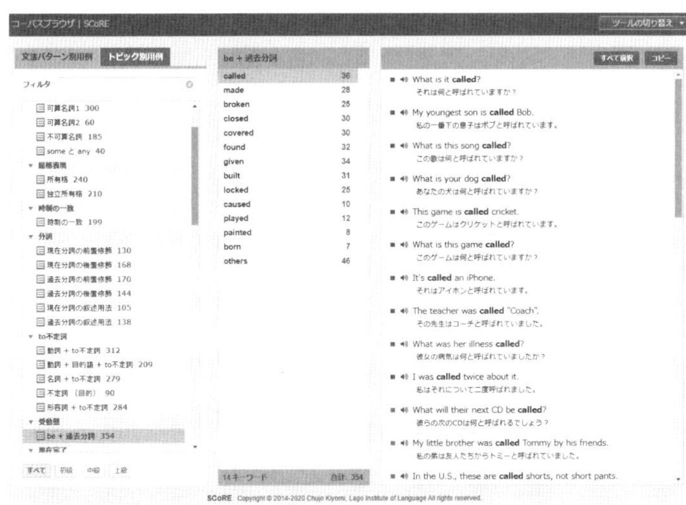

それぞれの英文の左にあるスピーカーのアイコンをクリック

すると、英文の音声を聞くこともできます。

正しい語順を調べる際には、第3章で紹介したNetspeak（https://netspeak.org）も活用できます。日本語の語順は比較的自由なのに対して、英語の語順は固定度が高いと言われています。[10]

例えば、「赤くて大きい風船」はbig red balloonとred big balloonのどちらが適切でしょうか？　Netspeakで{big red} balloonと入力し、検索しましょう（第3章で説明した通り、Netspeakでは複数の単語を{　}で囲んで検索することで、それらの単語の一般的な語順を調べられます）。

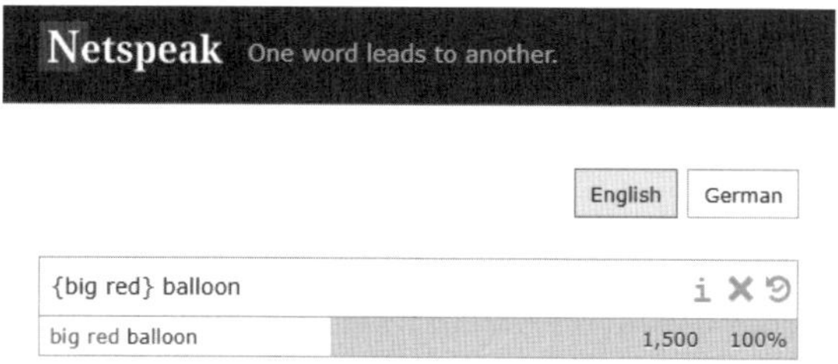

Netspeak One word leads to another.

English German

{big red} balloon

big red balloon	1,500	100%

上の結果から、big red balloonが正しい語順であることがわかります。広島東洋カープの強力打線のことを「ビッグレッドマシン」といったので、その連想でご存知の方も多いかもしれません（大リーグのシンシナティ・レッズの愛称、The Big Red Machineが由来だと言われています）。

もう1つ例を見てみましょう。Social media can be a great way to connect with friends, but it can **also** be a source of stress and anxiety.（ソーシャルメディアは、友人とつながるのに最適な手段ですが、ストレスや不安の原因にもなります）という英文を書いたとします。後半の but 以下は it can **also** be ... という語順で良いでしょうか？　あるいは、it can be **also** ... の方が良いでしょうか？　それとも、it **also** can be ... でしょうか？

Netspeak で {can also be} と入力し、検索しましょう。

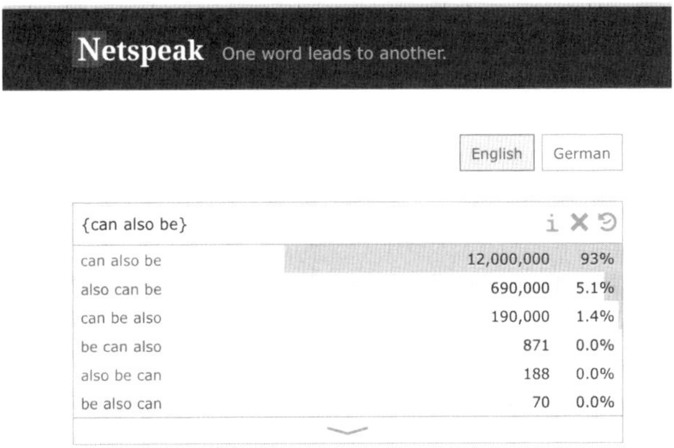

Netspeak One word leads to another.

English　German

{can also be}

can also be	12,000,000	93%
also can be	690,000	5.1%
can be also	190,000	1.4%
be can also	871	0.0%
also be can	188	0.0%
be also can	70	0.0%

上の結果から、it can **also** be ... という語順が一般的であることがわかります。

QuillBot Grammar Checker（https://quillbot.com/grammar-check）や DeepL Write（https://www.deepl.com/write）などの英文添削ツールを使って、正しい語順を調べることもできます。例えば、it can be **also** a source of stress and anxiety など、標準的でない語順を含む英文を QuillBot Grammar Checker に貼り付けてみます。

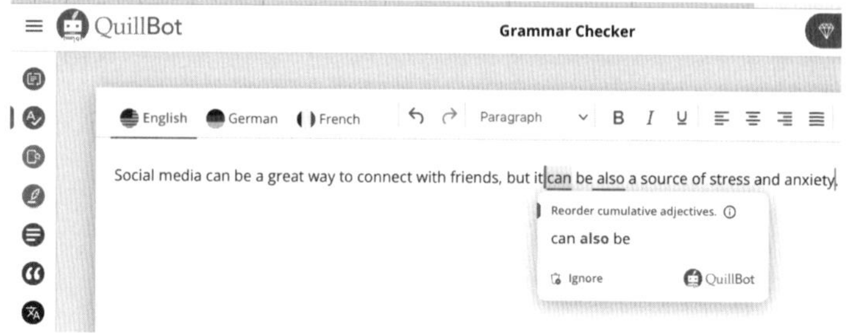

上のように、it can **also** be ... というより一般的な語順に訂正してくれました。英文添削ツールに関しては、第8章ライティング（p. 280）もご覧ください。

第5章

発音

発音に関する知識は、英語のスピーキングやリスニングに大きな影響を与えます。発音学習について考えるべきポイントの1つに、「英語母語話者のような発音を目指すべきか?」という問題があります。専門家の間では、「母語話者のような発音をゴールにするのではなく、わかりやすい発音を目指すべきだ」という意見が主流です。

それでは、「わかりやすい発音」とはどのようなものなのでしょうか。また、どうすればわかりやすい発音を身につけられるでしょうか。本章でご紹介します。

1

「わかりやすい」発音とは？日本語訛りは矯正すべき？

第1章で述べた通り、英語は事実上の国際的な共通語として用いられており、外国語として英語を話す人の方が、母語として話す人よりもはるかに多いと推定されています。したがって、**「英語学習者は母語話者のような発音ではなく、わかりやすい発音を目指すべきだ」という意見が専門家の間では支配的です。**

それでは、「わかりやすい発音」とはどのようなものなのでしょうか？

訛りがあったとしても、相手に理解してもらうことは可能なのでしょうか？

「訛り」と「わかりやすさ」に関しては、多くの研究が行われています。これまでの研究結果をまとめると、以下のようになります。[1]

- 訛りがない方がわかりやすい発音になることは事実である。
- 同時に、「訛り」と「わかりやすさ」は完全に一致するわけではない。

・つまり、訛りがあったとしても、聞き手に理解してもらうことは可能である。

上の結果から、英語学習者が目指すべきは、母語話者のような発音ではなく、わかりやすい発音であると言えるでしょう。これまでの研究では、さらに、

・「理解しやすい発音」に関しては、ある程度のトレーニングをすれば身につけられる。
・しかし、「母語話者のような発音（＝訛りのない発音）」は、トレーニングをしたとしても身につけるのは難しい。

ということも示唆されています。[2]母語話者のような発音をゴールにせず、理解しやすい発音を目指すのは、実用性（＝コストパフォーマンス）の観点からも望ましいと考えられます。

また、繰り返しになりますが、**英語は事実上の国際語として用いられており、英語話者の大半が非母語話者です。**そのため、日本の学習者が英語でやりとりする相手は、母語話者よりも非母語話者の方が多いでしょう。

例えば、韓国やオランダに旅行に行き、現地の言葉（韓国語やオランダ語）が話せないのであれば、おそらく英語を使ってやりとりすることになるでしょう。会話相手の多くも母語話者ではないわけですから、母語話者のような発音を目指す必要性は低いといえます。

さらに、「東アジア（日中韓）の学習者は自分たちの訛りを気にしており、どうすれば母語話者のような発音ができるかに関心がある。一方で、フランス・イタリア・ドイツの学習者は自分たちの訛りを魅力的でセクシーだと感じ、むしろ誇りに思っている」といった指摘もあります。[3]

英語母語話者と英語でやりとりする際には、「こちらは使い慣れている日本語ではなく、あなたの母語である英語を使ってあげている。学習者だけに努力を押し付けるのは不公平だ。英語母語話者も様々な訛りの英語を聞き取る訓練をして、お互いに歩み寄るべきだ」というくらいの**強気で良いかもしれません。**

2 英語の音素を身につける効果的な方法

前項では、母語話者のような発音ではなく、「わかりやすい発音」を目指すべきだ、と述べました。それでは、どのようにすればわかりやすい発音を身につけられるでしょうか？

そのポイントの1つは、**英語の音素（phoneme）を身につけることです。**音素とは、「ある言語における音声上の最小単位」のことです。[4]例えば、日本語で「カメラ」と言えば写真を撮る機械のことですが、「ガメラ」と言うと亀のような形をした怪獣の意味になります。「カメラ」と「ガメラ」の違いは1つ目の音が /k/ で始まるか、/g/ で始まるかという点のみです。

カメラ	/kamera/	写真を撮る機械
ガメラ	/gamera/	亀のような形をした怪獣

上の例からわかる通り、/k/ と /g/ の違いは、日本語において単語を区別する上で重要な音声上の対立をなしています。そのため、/k/ と /g/ は日本語ではそれぞれ別の音素とみなされます。英語でも kill（/kíl/ ～を殺す、殺すこと）と gill（/gíl/ えら）のように、/k/ と /g/ では別の単語になるため、/k/ と /g/ は別々の音素です。

英語を学ぶ上で厄介なのは、**英語の方が日本語よりも音素が多いということです。**日本語に音素は21個（5つの母音＋16の子音）あるのに対して、**英語には44程度の音素（20の母音＋24の子音）があると言われています。**[5]特に、/æ/, /ə/, /l/, /r/, /ð/, /θ/, /v/ など、日本語にはない英語の音素は日本語話者にとって習得が困難です。以下に、英語の音素を身につける効果的な方法を紹介します。

1．音素に関する宣言的知識を身につける

文法学習と同じく、発音の学習においても宣言的知識と手続き的知識とに分けて考えることが有益です。英語の音素を身につける上では、まずは個々の音素について、どのように発音されるかというルールを明示的に学びましょう。例えば、第二言語習得研究で世界的に著名な斉藤一弥氏（ロンドン大学）は、日本の英語学習者が特に苦手とする /r/ と /l/ の発音手順を以下のように解説しています。

▶[r]：発音するときのポイントは、以下の3つです。①唇を丸めて前に突き出す（日本語の「う」よりも唇を丸める)、②舌先を上あごに近づけ（「ら行」のように舌先を付けてはダメ)、息を舌の中央から逃がすように発音する、③舌の根元を上あごへと押し上げ、息の通りを狭める。聞き取り時には、「ら」よりもこもった音が聞こえます。

▶[l]：舌を歯茎の裏にしっかりと付け、舌の両脇から息を出

して発音します。聞き取り時には、日本語の「ら」よりも強く、はっきりとした音が聞こえます。なお、語尾に[l]が来る場合（cool、pill など）のみ、舌先を歯茎の裏に軽く付けて発音します。
http://kazuyasaito.net/Segmentals6.pdf より。

上のような要領で、英語の音素それぞれについてどのように発音すべきか、ルールを明示的に学びましょう。英語には40を超える音素があるため、なかなか大変かもしれません。しかし、中には日本語の音素に近いため、習得が比較的容易なものもあります（例：/t/ /k/ /g/）。また、**数ある音素の中でも、/ɾ/, /l/, /v/, /θ/, /ð/ の5つが特に重要であると指摘されています。**[6] まずはこの5つの音素について、理解を深めましょう。具体的には、以下の解説が参考になります。

http://sla-speech-tools.com/?page_id=154
（上の URL にアクセスし、Explicit Pronunciation Instruction の下の ACCESS STUDENT MATERIALS をクリックしてください。）

音素に関する宣言的知識を身につける上では、次ページの Web サイトも有益です。

英語の会 https://eigonokai.jp
ALL IN ONE basic
https://basic.linkage-club.com/hatuonkigo
英語の発音教室 PLS
https://hatuonpls.com/minikouza/hatsuon

特に「英語の会」のWebサイトでは、発音の様子を収録した動画も見られるため、「言葉での説明だけでは理解しづらい」という場合に有益です。

2. 音素に関する手続き的知識を身につける

「音素をいかに発音するか」というルールを明示的に学んだ後は、**練習を重ね、実際に音素が発音できるようにしましょう。**つまり、宣言的知識を足がかりに、手続き的知識の習得を目指します。

具体的には、『日本語ネイティブが苦手な英語の音とリズムの作り方がいちばんよくわかる発音の教科書』(テイエス企画)、『文レベルで徹底 英語発音トレーニング』(研究社)、『英語耳』シリーズ(KADOKAWA)などの書籍で学習しましょう。例えば、『発音の教科書』では /r/ などの音素を導入した後に、それらの音素を含む単語(例:berry, terror)で発音を練習し、さらにその音素を含む文(例:I'm very sorry about the terrorist attacks in Paris.)で練習する流れになっています。付属のCDに収録された音声の後に続いて音読やシャドーイング(第1章を参照)をして、実際に発音できるようになるまで練習しましょう。

「聞き取れない音は発音もできない」と言われることもあり、音素の聞き取り練習が発音向上に一定の影響を与えることも研究から示されています。[7]聞き取り練習をする上では、English Accent Coach（https://www.englishaccentcoach.com/home）などのWebサイトが便利です。このWebサイトでは、/r/と/l/など、指定した音素の聞き分けトレーニングができます。例えば、/r/と/l/の聞き分け訓練がしたいのであれば、Play → Play Consonantsをクリックします。その後、Soundsの隣のChooseをクリックし、訓練したい子音を選択します。ここでは、rとlをクリックし、右のOkボタンを押します。

その後、Begin Sessionをクリックすると、トレーニングが始まります。/r/または/l/の音声が流れてきますので、/r/だと思ったらrボタン、/l/だと思ったらlボタンをクリックしましょう。

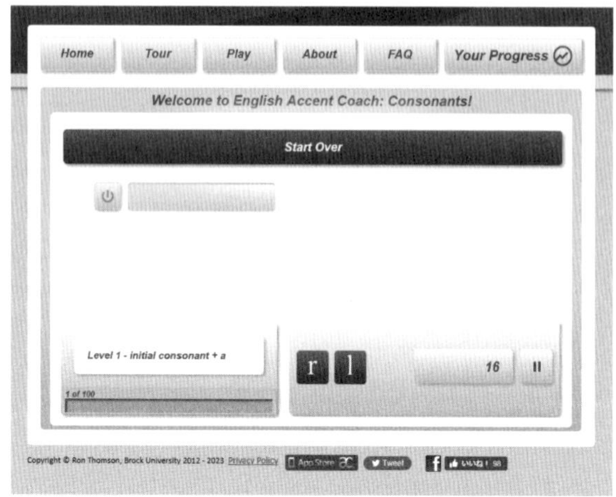

/r/ と /l/ のペアに加えて、/b/ と /v/、/s/ と /θ/、/z/ と /ð/ などのペアも練習しましょう。

Play → Play Vowels をクリックすると、母音も練習できます。特に /ɑ/ /æ/ /ʌ/ /ə/ は日本語の「ア」に近く聞こえ、区別が難しいため、練習をお勧めします。

ある程度練習したら、本当に正しい発音ができているか確認しましょう。英会話スクールなどで教師に確認してもらうのが理想ですが、スクールに通っていない場合は、ELSA Speak（iOS・Android 対応）や発音博士（iOS 対応）などのスマホアプリが活用できます。

3. 意味重視学習で音素に関する知識を定着させる

これまでにご紹介した1と2は、いずれも言語重視学習に分類されます。しかし、**文脈から切り離された状況で発音を練習しても、実際の英会話で正しい発音ができるとは限りません。**[8]例えば、「/r/ が含まれる単語のリストを読み上げる」という文脈から切り離された練習では、全神経を発音に集中させることができます。一方で、現実の英会話では、「相手の言うことを聞き取り、理解する」「相手の言ったことに対して、何と応答すべきか考える」「自分のメッセージを伝えるためには、どのような語彙・文法を使えば良いかを考える」など、複数のことを同時に行わなければなりません。そのため、発音ばかりに注意を向けるわけにはいかず、**結果として発音がおろそかになり、せっかく練習した /r/ も正しく発音できるとは限らないのです。**

実際に英語を話す際にも正しい発音ができるようになるには、どうしたら良いでしょうか。転移適切性処理説（第1章を参照）によれば、実際のコミュニケーションで正しく発音する能力を高めたければ、コミュニケーションの中で発音する経験が欠かせません。これまでの研究でも、コミュニケーションの中で発音に注意を向ける活動をすると、現実のコミュニケーションでも正しく発音できるようになることが示唆されています。[9]

これらの研究結果をふまえると、文脈から切り離された言語重視学習で発音を練習することに加え、意味重視学習で発音を聞いたり、実際に発音したりする経験を重ねることも重要です。

　具体的には、**即興スピーチや写真描写練習などを行うと良いでしょう。**例えば、/r/ の発音について練習したいのであれば、以下のようなトピックについて即興でスピーチしましょう。

Which would you prefer, eating rice or bread for breakfast?
（朝食にご飯を食べるのとパンを食べるのでは、どちらが良いか？）
Do you agree or disagree? Running inside is better than running outside.
（「屋内を走る方が屋外を走るよりも良い」という意見に賛成か、反対か？）
Do you agree or disagree? Listening to rock music is not good for children.
（「ロック音楽を聞くのは子どもにとって良くない」という意見に賛成か、反対か？）

注）Saito, K. (2015). Communicative focus on second language phonetic form: Teaching Japanese learners to perceive and produce English /r/ without explicit instruction. *Applied Psycholinguistics, 36*, 377-409. 等を元に作成。

即興スピーチの目的は、/r/ などの音素を正しく発音することではなく、あくまでも自分のメッセージを伝えることです。そのため、即興スピーチは言語重視学習ではなく、意味重視学習の一種です。

　同時に、上のようなトピックでスピーチするためには、

prefer, rice, bread, breakfast, run, rock など、/r/ が含まれた単語を使う必要があります。そのため、コミュニケーションにおいて /r/ を正しく発音する絶好の機会となります。

即興スピーチの他に、写真やイラストの描写練習をするのも良いでしょう。例えば、「雨が降っている中でネズミが岩の上に座ってパンをかじっている絵」を描写するには、rain, rat, rock, bread など、/r/ の発音が含まれた多くの単語を使用する必要があります。練習したい音素が都合よく含まれた写真やイラストを探すのは難しいかもしれませんが、『4コマ漫画で攻略！英語スピーキング』（DHC）などの教材を使用して、イラストを即興で説明する練習をしましょう。

即興スピーチや写真描写練習をする際には、やりっぱなしにするのではなく、発音に意識を向けるとさらに良いでしょう。例えば、即興スピーチを通して /r/ の発音を定着させたいのであれば、スピーチをスマホなどで録音し、後から聞き直しましょう。そして、/r/ が正しく発音できているか、振り返りましょう。もし、英会話スクールやオンライン英会話でレッスンを受ける機会があれば、発音の改善点を指摘してもらうのも、発音向上に効果的です。[10]

Google ドキュメントやスマートフォンの音声認識機能を利用して、自分の話した英語が正しく認識されているか確認するのも良いでしょう。例えば、自分では I prefer eating rice for breakfast.（朝食にはご飯を食べる方が好きです）と発音しているつもりなのに、I prefer eating lice for breakfast.（朝食にはシラミを食べる方が好きです）と認識されてしまう事もあるかもしれません。

3

プロソディーとは？

ここまで、英語の音素を適切に発音するにはどうしたら良いか、説明してきました。

しかし、英語の音素全てを正しく発音できるようになったとしても、聞き取りやすい発音への道のりは残念ながらまだ半ばといったところです。**発音には、個別の音素に加えて、プロソディー（prosody）という側面もあるからです。**プロソディーとは、「個別の音素をいかに組み合わせるか」という知識のことで、リズム・強弱・イントネーション・音声変化などから構成されます。[11]

具体的には、以下の点に気をつけましょう。

1．余計な母音を入れない

日本語には「あいうえお」という5つの母音があります。日本語の母音は、原則的にそれ単独で用いられるか、あるいは1つの母音に対して1つの子音（/k/ /s/ /t/ /n/ など母音以外の音）がセットになって用いられます。例えば、以下のようになります。

ストレス（su・to・re・su）
リズム（ri・zu・mu）
ドライブ（do・ra・i・bu）
フライト（fu・ra・i・to）
注）ハイライトした部分が母音で、それ以外が子音。

いずれも「あいうえお」の母音がそれ単体か、あるいは1つの子音とセットになって用いられています。

一方で、英語では1つの母音に複数の子音がつくことが一般的です。例えば、以下のようになります。

stress /strés/ （子子子母子）
rhythm /ríðm/ （子母子子）
drive /dráɪv/ （子子母子）
flight /fláɪt/ （子子母子）

stressは「子子子**母**子」、rhythmは「子**母**子子」、driveとflightは「子子**母**子」となっており、1つの母音に対して複数の子音がセットになっています。

英単語を発音する際に、日本語式に1つ1つの子音に対して母音を挿入すると、聞き取りにくくなります。例えば、stressの英語発音と、日本語発音を比べてみましょう。

/strés/

su・to・re・su

注）ハイライトした部分が母音。

英語では母音は1つしかありませんが、日本語発音では子音の後にそれぞれ母音が追加されるため、合計で4個も母音があります。聞き取りやすい発音を身につける上では、1つの母音に対して1つの子音がセットになった日本語式発音から脱却することが欠かせません。子音の後に母音をつけたくなる衝動をおさえ、複数の子音を連続して発音したり（例：stress の /str/ や drive の /dr/)、子音で単語を終えたりする（例：stress の最後は /su/ ではなく /s/ で終える）練習を重ねましょう。

先ほど、「英語は国際的な言語であり、外国語として英語を話す人の方が、母語として話す人よりもはるかに多い。したがって、母語話者のような発音を目指す必要はない」と述べました。「母語話者のような発音を目指さなくて良いのなら、stress を su・to・re・su のように日本語式に発音しても良いのでは？」という意見もあるでしょう。

しかし、結論から言うと、**そのような日本語式発音は避けた方が良いでしょう。**なぜなら、余計な母音を追加する日本語式発音は、英語のわかりやすさに影響する（＝余計な母音を追加すると、理解しづらくなり、聞き手に負担がかかる）からです。

私が先ほど述べたのは、「母語話者のような発音ではなく、わかりやすい発音を目指すべきだ」ということでした。余計な母音を追加すると、発音のわかりやすさに影響するため、避けた方が良いのです。

つまり、「母語話者のような発音を目指す必要はない（＝代わりに、わかりやすい発音を目指すべきだ）」という主張と、「余計な母音を追加する日本語式発音は避けた方が良い」という主張は、一見整合性がないように思えるかもしれませんが、実は矛盾していません。

日本語式発音から脱却するには、具体的にどのように練習したら良いでしょうか？　音素のトレーニングと同じく、以下の手順で学習しましょう。

①単語単位で練習する

stress, rhythm, drive, flight など、単語ごとに発音してみましょう。発音練習をする際は、「子子子**母**子」「子**母**子子」「子子**母**子」などの英語のリズムを意識し、1つ1つの子音に対して母音を挿入しないように気をつけましょう。

②文単位で練習する

単語レベルで練習した後には、より大きい文単位で発音練習しましょう。①と同じく、1つ1つの子音に対して母音を挿入しないように気をつけます。

英語の歌で練習するのも良いでしょう。英語の歌では1つの音符に対して1つの音節（syllable; 母音を中心とする音のひとまとまり）を乗せるのが一般的です。そのため、日本語のようにそれぞれの子音に母音を挿入していると、すぐについていけなくなってしまいます。[12]

例えば、PAW Patrol（パウ・パトロール）というカナダで作成された子ども向けアニメがあります。日本でも人気で、日本語版も放送されています。このアニメの主題歌の歌詞を英語版と日本語版で比較すると、英語でPAW Patrolと言っている部分は、日本語では「パウパト」としか言っていないことに気がつきます（NetflixやYouTubeで英語版・日本語版両方の動画が見られますので、聞き比べてみてください）。

英語のPAW Patrolは /pɔ́: pətróul/ の3音節ですので、音符は3つ（例：PAW（シ） Pa（ラ）trol（ソ））しかありません。一方で、日本語のパウパトロールは、「パ・ウ・パ・ト・ロ・ル」と6つの音から構成されます。3つしか音符がないところに6音も乗せることは難しいので、日本語版では苦肉の策として「パウ（シ）パ（ラ）ト（ソ）」としか歌っていないのでしょう。

パウ（シ）パ（ラ）ト（ソ）♪ではなく、PAW（シ） Pa（ラ）trol（ソ）♪と何度も歌っているうちに、1つの母音に複数の子音がセットになる英語のリズムが体に染みついてくるでしょう。英語の音節構造に慣れる上で、英語の歌は有益です。英語の歌を使って発音練習ができるWebサイトは、「(4) 発音学習に役立つ教材・アプリ」（p. 196）で紹介しています。

③意味重視学習で使えるようにする

上の①②の練習は、言語重視学習に分類されます。文脈から切り離された状況で英語の音節構造を練習しても、実際のコミュニケーションでは日本語式の発音になってしまうかもしれません（第1章の転移適切性処理説）。そのため、現実のコミュニケーションでも1つ1つの子音に対して母音を挿入しないように気をつけましょう。具体的には、「意味重視学習で音素に関する知識を定着させる」（p. 179）で紹介した即興スピーチ・写真描写練習や、英会話をすると良いでしょう。

2. 1つの単語内で強弱をつける

プロソディーに関する2つ目のポイントは、「1つの単語内で強弱をつける」ことです。日本語では、原則的にいずれの音も均等な長さで読まれます。例えば、日本語の「マクドナルド」では、6つの音はいずれも同じ長さです（マ・ク・ド・ナ・ル・ド）。一方で、英語のMcDonald'sは2番目の音節に強勢（stress）があるため、この部分が他よりも長く発音されます。McDoooonald'sのようなイメージです。

英単語の音節は、以下の3種類に分けられます。

第一強勢	その単語内で最も強く読まれる部分。具体的には、それ以外よりも①長く、②高く、③大きい音量で発音される。
第二強勢	第一強勢よりも①やや短く、②やや低く、③やや小さい音量で発音される。
それ以外	第二強勢よりもさらに①短く、②低く、③小さい音量で発音される。

注）http://kazuyasaito.net/Suprasegmentals2.pdf を元に作成。

辞書で発音記号を調べると、第一強勢は /ˊ/、第二強勢は /ˋ/ で表されています。例えば、pronunciation（発音）の発音記号を調べると、/prənʌ̀nsiéɪʃən/ とあります。これは、/ˊ/ がついている /éɪ/ に第一強勢、/ˋ/ がついている /nʌ̀n/ に第二強勢があることを意味します。つまり、pronunci**a**tion のように、**a** の部分を際立たせ、pro・ci・tion は軽く、**nun** は両者の中間となります。[13]日本語の「プ・ロ・ナ・ン・シ・エ・イ・ショ・ン」のような平板な読みにならないよう気をつけましょう。

他にも具体例を見てみましょう。以下の単語で、第一強勢には /´/、第二強勢には /`/ をつけてください。

1. strawberry
2. university
3. education
4. international
5. Internet
6. individual
7. documentary
8. anniversary
9. infrastructure
10. graduation

答えは以下の通りです。

1. stráwbèrry
2. ùnivérsity
3. èducátion
4. ìnternátional
5. Ínternèt

6. ìndivídual
7. dòcuméntary
8. ànnivérsary
9. ínfrastrùcture
10. gràduátion

英単語を読む際には、1つの単語内で強弱をつけ、メリハリを意識しましょう。ほぼ全ての音が同じような長さ・大きさで発音される日本語に慣れていると、メリハリをつけるのは難しいかもしれません。しかし、「1つの単語内で強弱をつける」ということは、**強く読まれる部分をきちんと発音できてさえいれば、それ以外は多少いい加減でも通じるということでもあります。**

極端な例を挙げれば、「ロンドンのWest Kensingtonという地名を『ウエスト・ケンジントン』とカタカナ式に発音してもまったく通じなかったのに、『上杉謙信』と言ったら通じた」という笑い話もあるくらいです（なお、この笑い話にはオチがあります。「上杉謙信、上杉謙信、上杉謙信…」と一生懸命練習していたのに、いざ地名を言う際に間違って「武田信玄」と言ってしまったそうです）。

品詞によって強勢の位置（＝際立たせる箇所）が変わる単語もありますので注意しましょう。名詞として使われる場合は単語の前半、動詞として使われる場合は後半に強勢が置かれるものがあり、**これらは「名前動後」と言われます。**名前動後の例を以下に示します。

単語	名詞	動詞
conduct	cónduct（行為）	condúct（行う、指揮する）
decrease	décrease（減少）	decréase（減る）
progress	prógress（進歩）	progréss（進歩する）
record	récord（記録）	recórd（記録する）
repeat	répeat（繰り返し）	repéat（繰り返す）

注）http://user.keio.ac.jp/~rhotta/hellog/2011-07-10-1.html を元に作成。

1つの単語内で強弱をつける練習をする際には、どうすれば良いでしょうか？『英語耳』シリーズ（KADOKAWA）や『日本語ネイティブが苦手な英語の音とリズムの作り方がいちばんよくわかる発音の教科書』（テイエス企画）などの書籍には、単語内でメリハリをつける練習をするセクションがあります。これらを使用して、音声の後に続いて音読練習をしましょう。

また、Google ドキュメントやスマートフォンの音声認識システムを利用して、単語がきちんと認識されるか試すのもお薦めです。例えば、advice（助言、アドヴァイス）という英単語は、後半に強勢があります（ad**vice** のようなイメージです）。スマホの音声認識システムで、後半を強く読む（ad**vice**）と正しく認識してくれますが、前半を強く読む（**ad**vice）と、otherwise など他の単語として認識されてしまうことがあり、強勢が通じやすさに影響することが実感できます。

3. 1つの文中でも強弱をつける

英語を話す際には、1つの単語内で強弱をつけるだけでなく、1つの文中でも強弱をつけましょう。具体的には、**名詞・動詞・形容詞・副詞などの内容語（content words）は長く・高く発音し、代名詞・前置詞・冠詞・接続詞などの機能語（function words）は短く・低く発音します。**以下に具体例を示します。

内容語の例	機能語の例
・名詞：cat, banana など。 ・一般動詞：eat, grow など。 ・疑問詞：what, how など。 ・形容詞：fantastic, awful など。 ・副詞：sometimes, slowly など。	・冠詞：a, an, the。 ・be 動詞：am, is, are など。 ・助動詞：may, should など。 ・前置詞：of, in, at など。 ・接続詞：and, but, because など。 ・代名詞：I, you, they など。 ・関係代名詞：who, which など。

注）http://kazuyasaito.net/Suprasegmentals4.pdf を元に作成。

例えば、I went to school by bus.（私はバスで学校に行った）という文では、went, school, bus が内容語で、それ以外は機能語です。そのため、I **went** to **school** by **bus**. のように内容語は明確に、それ以外は軽く発音します。[14]

強調する語によって、文のニュアンスが変わることもあります。例えば、I went to school by bus. という文で、I を際立たせれば「バスで学校に行ったのは私だ」、school を際立たせれば「私がバスで行ったのは学校だ」という意味になります。[15]

文中で強弱をつける練習をする際にも、『日本語ネイティブが苦手な英語の音とリズムの作り方がいちばんよくわかる発音の教科書』（テイエス企画）、『文レベルで徹底 英語発音トレーニング』（研究社）、『英語耳』シリーズ（KADOKAWA）などの書籍が活用できます。

また、強弱をつける練習として、Fight Club Technique という学習法も知られています。これは、**文中で際立たせる部分では手を大きく伸ばして強パンチ、軽く発音する部分では何もしない、その中間では手を少し伸ばして弱パンチするなど、体を動かしながら発音するものです。**実例は https://vimeo.com/61195605で見ることができます。

アヒルのおもちゃを持った紳士が、That's super cool. や That's really super funky. と言いながらパンチしているシュールな映像です。万人にお勧めできるものではありませんが、興味のある方は試してみるのも良いでしょう。Fight Club Technique 自体は、論文も発表されているきちんとした学習法です。[16]

4. イントネーション

イントネーション（音の高低）もプロソディーの1つです。英語における基本的なイントネーションのパターンを次ページに示します。

①下降

平叙文	I can speak ↘Chinese.　私は中国語が話せる。
Wh-疑問文	What are you going to do after ↘retirement? 退職後は何をなさるつもりですか？
命令文	Do yourself a favor and get some ↘help. 悪いことは言わないから、助けを借りなさい。
感嘆文	What a ↘coincidence!　なんという偶然でしょう。
文が途中であることを示す	When I was in New ↘Zealand, I had a flat white almost every ↘day. ニュージーランドにいた時、フラットホワイト（注：コーヒーの一種）をほとんど毎日飲んでいた。

②上昇

Yes/No 疑問文	Is this seat ↗taken? この席には誰か座っていますか？
平叙文の形をした疑問文	That's your ↗apology? それで謝っているつもりなの？
依頼・勧誘・許可を求める	May I take a ↗photo? 写真を撮ってもよろしいでしょうか？

注）http://kazuyasaito.net/Suprasegmentals3.pdf を元に作成。

なお、上に示したパターンはあくまでも一例であり、例外もあることに留意しましょう。[17]

イントネーションに関しても、『日本語ネイティブが苦手な英語の音とリズムの作り方がいちばんよくわかる発音の教科書』（テイエス企画）、『文レベルで徹底 英語発音トレーニング』（研究社）、『英語耳』シリーズ（KADOKAWA）などの書籍が活用できます。特に、『文レベルで徹底 英語発音トレーニング』では約300の例文にイントネーションが矢印で示されており、イントネーションの練習をするのに最適です。また、多聴（第7章を参照）で多くの英語に触れているうちに、自然なイントネーションが身につくこともあるでしょう。

5. 音声変化に慣れる

「聞き取れない英文があったのでスクリプトを確認したら、実は全て知っている単語だった」ということは珍しくありません。**知っている単語なのに聞き取れない理由の1つに、音声変化に関する知識が不足していることが挙げられます。**

英語の音声変化には、主に以下の3種類があります。

① 連結：母音で始まる語が、直前の子音とつながって聞こえること。
例）The lamp_is_in the middle_of the room.
lamp is in は「ランピィズィン」、middle of は「ミドロヴ」のように聞こえる。

② 脱落：/p/ /t/ /k/ /b/ /d/ /g/ など連続して発音しにくい音が隣り合うとき、片方の音が聞こえなくなること。
例）We wen(t) to see a movie.
went の /t/ と to の /t/ が連続しているため、went の /t/ が脱落し、「ウェントゥ トゥ」ではなく「ウェントゥ」のように聞こえる。

③ 同化：2つの音が混ざりあって、別の音に聞こえること。

例）Coul**d y**ou say that again?

Could の d と you の y が混ざりあって「クヂュ」のように聞こえる。

注）『CD付 TOEIC® TEST 即効15日計画 はじめてでも500点突破!!』（三修社）を元に作成。

「単独の単語なら聞き取れるのに、フレーズや文になると聞き取れなくなる」という場合は、音声変化に関する知識が不足している可能性があります。『英語耳』シリーズ（KADOKAWA）などの書籍で音声変化について学びましょう。また、「4技能同時学習法」のステップ2（第1章 p. 38を参照）で英語音声とスクリプトを照らし合わせ、音声変化に慣れるのも良いでしょう。

4

発音学習に役立つ教材・アプリ

1. 発音を調べるのに役立つ教材・アプリ

わかりやすい発音を習得するには、単語の正しい発音を知ることが欠かせません。しかし、英単語のスペリングと発音の関係は複雑であるため、「この単語をどう発音したら良いかわからない」という場合もあるでしょう。その際には、以下のいずれかの方法で発音を確認しましょう。

①辞書で調べる

発音を確認する方法はいくつかありますが、最も代表的なのは辞書で調べることです。辞書で単語を調べれば、発音記号から単語の発音を知ることができます。

②オンライン辞書や辞書アプリで調べる

オンライン辞書で単語を調べて、単語の発音を聞くのも良いでしょう。例えば、Cambridge Dictionary（https://dictionary.cambridge.org）で vitamin（ビタミン）という単語を調べてみましょう。すると、「UK 🔊」「US 🔊」というマークがあります。

UKの隣のアイコンをクリックするとイギリス（UK）式の発音、USの隣のアイコンをクリックするとアメリカ（US）式の発音が聞けます。それぞれを比較すると、イギリス式の発音では/vítəmɪn/（ヴィタミン）と日本語の「ビタミン」に近い発音になるのに対し、アメリカでは/váɪṭəmɪn/（ヴァイタミン）のように発音されることがわかります。

オンライン辞書に限らず、パソコンやスマホの辞書アプリでも単語の発音を聞くことができます。代表的なものとしては、物書堂の辞書アプリ（iOS・Mac対応）があります。

③Googleで調べる

オンライン辞書などを使用しないでも、検索エンジンのGoogleで発音を聞くこともできます。例えば、advertisement（広告）の発音を調べたいとします。Googleにadvertisement pronunciationと入れて検索しましょう。すると、以下のような画面が表示されます。

前ページの画面でスピーカーのアイコンをクリックすると、advertisementの発音が聞けます。右上の「英語（アメリカ）の発音」と書かれた部分をクリックすると、以下のようなプルダウンメニューが表示されます。

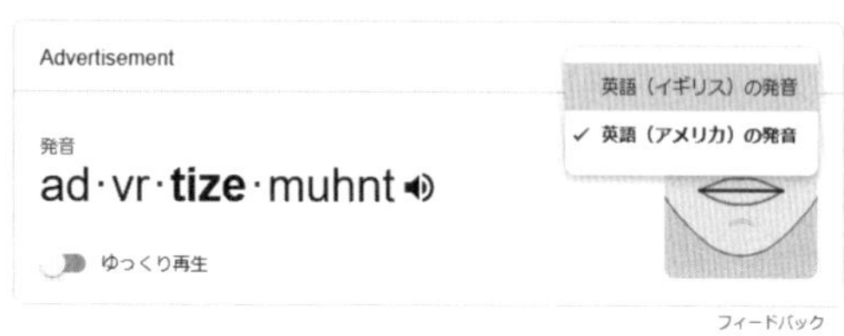

プルダウンメニューで「英語（イギリス）の発音」をクリックすると、イギリス式の発音が聞けます。米英の発音を比較すると、アメリカ英語ではtiseの部分が最も際立って発音される（**ad**ver**tise**ment）のに対して、イギリス英語ではverの部分が際立っている（ad**ver**tisement）ことがわかります。

④Webサイトで調べる

その他にも、単語の発音を調べるのに役立つWebサイトは多くあります。代表的なものは、YouGlish（https://youglish.com）です。YouGlishである単語やフレーズを検索すると、その単語・フレーズが使用された動画を複数見ることができます。例えば、scheduleと入力して検索すると、この単語が含まれる動画が3万件以上ヒットします。これらの動画を見ることで、scheduleがどのような文脈で使われ、どのように発音されるかがわかります。

YouGlishではさらに、「アメリカ英語」「イギリス英語」など、英語の種類を絞って検索することもできます。検索ボックスの下にある▽ボタンをクリックすると、以下のようなオプションが表示されます。

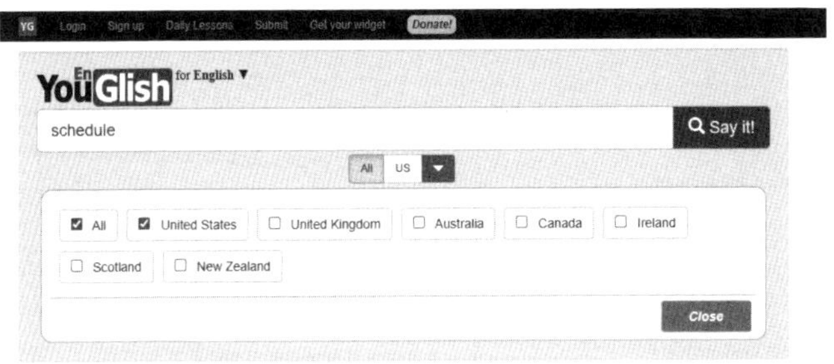

アメリカ英語の動画のみを検索対象としたい場合は「United States」、イギリス英語のみを検索対象としたい場合は「United Kingdom」にチェックをつけましょう。その他、オーストラリア英語、カナダ英語、アイルランド英語、スコットランド英語、ニュージーランド英語も用意されています。

試しに、schedule（スケジュール）という単語がアメリカ英語とイギリス英語でどのように発音されるかを調べてみましょう。アメリカ英語では、/skéʤu:l/と日本語の「スケジュール」のように発音されることがわかります。一方でイギリス英語では、/skéʤu:l/（スケジュール）のように発音する人もいれば、/ʃédju:l/（シェジュール）のように発音する人もいることがわかります。多くの動画を見ることで、一口に「イギリス英語」と言っても、話者によって発音が様々なことが実感できます。『ジーニアス英和辞典第6版』でscheduleを調べると、イギリス英語でも「若い世代を中心に/sk-/が増えつつある」と書かれており、話者の年齢によって発音が異なる傾向があることがわかります。その他、castle, privacy, eitherなどの単語がアメリカ英語・イギリス英語でどのように発音されるか、YouGlishで調べてみましょう。

YouGlishではさらに、単語だけでなくフレーズの発音も調べられます。連結・脱落・同化などの音声変化（「(3) プロソディーとは？」を参照）を調べるのに最適です。例えば、YouGlishでWhat time is it? というフレーズを調べると、What timeでは脱落（Whatの/t/が発音されない）、is itでは連結（isの/z/とitの/ɪ/がつながる）が起きていることがわかります。

単語やフレーズの発音を調べる際には、YouGlish以外に、TED Corpus Search Engine（https://yohasebe.com/tcse）も活用できます。

2. 発音を練習するのに役立つ教材・アプリ

発音を練習する際には、『日本語ネイティブが苦手な英語の音とリズムの作り方がいちばんよくわかる発音の教科書』（テイエス企画）、『文レベルで徹底 英語発音トレーニング』（研究社）、『英語耳』シリーズ（KADOKAWA）などの書籍が活用できます。これらを用いると、個別の音素だけでなく、プロソディーについても一通り練習できます。

発音をある程度練習したら、本当に正しい発音ができているか確認しましょう。**自分では「正しく発音できている」と思っていても、実際には改善すべき点があることも珍しくありません。**英会話スクールなどで教師に確認してもらうのが理想ですが、スクールに通っていない場合は、ELSA Speak（iOS・Android対応）や発音博士（iOS対応）などのスマホアプリが活用できます。

「(3) プロソディーとは？」で述べた通り、英語の音節構造を意識し、リズムを学ぶ上では、英語の歌が効果的です。英語の歌を歌う際に、日本語式にそれぞれの子音に母音を挿入していると、すぐについていけなくなってしまうからです（英語では3つの音符で「PAW Patrol（シラソ）♪」と歌えますが、日本語式に「パウパトロール」と全て言うのは困難で、「パウパト（シラソ）♪」と歌うのが精一杯なことを思い出しましょう）。

英語の歌で発音を学ぶ際には、LyricsTrainingというWebサイト（https://lyricstraining.com）が便利です。このWebサイトでは、外国語の歌で穴埋めやカラオケ練習ができます（iOSおよびAndroidに対応したアプリも提供されています）。大学の授業でLyricsTrainingを紹介すると、エド・シーラン、テイラー・スウィフト、デュア・リパ、ラナ・デル・レイなど、**各自好きな歌手の曲で時間を忘れて楽しんでいるようです。**

特にラナ・デル・レイは、テンポが遅い曲（例：Born to Die, Video Games, Summertime Sadness, Blue Jeans, Young and Beautiful, Love）

が多いので練習に適しています。

ただし、歌詞の中には難解な表現や、文法ルールから逸脱した表現が含まれていることもありますので、その点には注意が必要です（日本語の歌でも、よく理解できない歌詞や文法的に説明しづらい表現は珍しくないでしょう）。リスニング力にあまり自信がない場合は、ディズニー映画の主題歌など、聞き取りやすい子ども向けの曲で練習するのも良いでしょう。

第6章

リーディング

リーディングの最も効果的な学習法は何でしょうか？　この問いに答えるためには、リーディング力にどのような側面が含まれるかを明確にする必要があります。リーディング力は、「正確性」(accuracy)と「流暢性」(fluency)に分けることができます。

「正確性」とは、英文を正しく解釈する能力を指します。例えば、No sooner had I put the baby to sleep than the phone rang and woke him up.を「赤ん坊を寝かしつけるとすぐに電話が鳴り響き、彼を起こしてしまった」と解釈できれば正確性が高く、できなければ正確性は低いと言えます。

一方で、「流暢性」とは、英文を読むスピードを指します。例えば、1分あたり200語のペースで英文を読める人は、1分あたり100語のペースで英文を読める人よりも流暢性で優っています。

「リーディング力を高める」と一口に言っても、正確性を伸ばしたいのか、流暢性を伸ばしたいのかによって、適する学習法が異なります。本章では、それぞれの側面に分けて効果的な学習法を紹介します。

1

リーディングの正確性を高めるための学習法

英語の読解力に最も大きな影響を与える要因は、文法と語彙の知識であることが研究から示唆されています。[1]

例えば、関係代名詞や分詞構文が使われた英文を正しく理解するためには、これらの文法事項に関する知識が当然ながら不可欠です。正確な英文理解に文法知識が大きな影響を与えるというのは、直感的にも納得できるでしょう。

語彙に関しては、英文中における既知語（すでに知っている単語）の割合が、正確な英文読解をする上で特に重要であることが示唆されています。これまでの研究では、**既知語が少なくとも95〜98%以上でないと、英文を正確に理解するのが困難になると言われています。**[2]言い換えれば、100語からなるテキストであれば、95〜98語以上は知っている必要があるということです。

平均的な英語の書籍は、1ページあたりの語数が300程度と言われていますので、知らない単語が1ページあたり6〜15語（300×0.02 〜 300×0.05）以上あるのであれば、その書籍は（辞書などを使用しない限り）理解できない可能性が高いということです。

語彙と文法の知識が読解力に大きな影響を与えていることを考えると、リーディングの正確性を高める1つの方法は、英単語と英文法を学習することです。第2章〜第4章を参考にして、まずは語彙と文法の基礎を固めましょう。

精読でリーディングの正確性を高める

ある程度の文法知識と語彙知識が身についたら、リーディングの正確性を高めるための訓練をしましょう。代表的なトレーニング方法に、精読（intensive reading）があります。

精読とは、辞書を活用したり、解説を読んだり、教師に説明してもらったりしながら、知らない文法事項や単語が含まれた難しめの英文を解釈する活動のことです。

『ヘミングウェイで学ぶ英文法』（アスク出版）や、『英語の読み方　ニュース、SNSから小説まで』（中央公論新社）などの精読用教材を活用して、正確な英文解釈の力を養いましょう。

場合によっては、市販の教材ではなく、インターネットで見つけた記事などで精読の訓練を行いたい場合もあるでしょう。その際には、**対話型のAI（人工知能）システムChatGPT（https://chat.openai.com/chat）を使うこともできます。**

ChatGPTは自然な応答ができることが話題になっていますが、英語学習にも様々に活用できます。

例えば、チャールズ・ディケンズの小説、クリスマス・キャロルの冒頭部分についてChatGPTに解説して欲しい場合は、次のように入力します。

以下の英文について、英語の中級者向けにvocabulary notesを日本語で作成して。
Marley was dead, to begin with. There is no doubt whatever about that. The register of his burial was signed by the clergyman, the clerk, the undertaker, and the chief mourner. Scrooge signed it. And Scrooge's name was good upon 'Change for anything he chose to put his hand to. Old Marley was as dead as a door-nail.

すると、以下のように出力されます。

以下に指定された文章に含まれる単語の意味と使い方についての説明をします。なお、各単語・表現はコンテクストにより異なる意味を持つ場合がありますので、その点をご理解いただければ幸いです。

Marley：ここでは人名です。文脈によりますが、"Marley"はおそらく物語のキャラクター名を指しています。
Dead：「死んでいる」という意味です。文中ではMarleyが死んでいる状態を表しています。

To begin with：「まず最初に」、「最初に述べると」という意味で、話の初めに使われます。
Register：「登録簿」や「記録簿」という意味。ここでは葬式の記録を保持する簿を指します。
Burial：「埋葬」、「葬式」という意味で、死者を埋葬する儀式またはその行為を指します。
Clergyman：「聖職者」を意味し、教会の宗教的な役割を担う人物を指します。
Clerk：ここでは「事務員」や「書記」という意味で、公文書の記録や管理を担当する人物を指します。
Undertaker：「葬儀業者」を意味します。死者の葬儀の準備や執行を担当します。
Chief mourner：「喪主」。葬儀で最も身近な遺族や親しい人物を指します。
Scrooge：ここでは人名です。文脈によりますが、"Scrooge" はおそらく物語のキャラクター名を指しています。
Good upon 'Change：これは少し古風な表現で、「証券取引所（'Change は Exchange の短縮形）で信用がある」を意味します。
Chose to put his hand to：「手を出す」、「取り組む」という意味で、何かに積極的に取り組むことを指します。
As dead as a door-nail：「完全に死んでいる」という意味の慣用句です。"door-nail" はかつてのドアに使われていた大きな釘で、それが動かないことからこの表現が生まれました。

「以下の英文を和訳して」と依頼すれば、英文の和訳も作成してくれます。しかし、ChatGPTの応答は100％正確とは限らないため、注意も必要です。ChatGPTの説明が不明瞭な場合は、気になった部分を辞書で調べたり、DeepL翻訳（https://www.deepl.com/ja/translator）等の機械翻訳システムで補ったりすると良いでしょう。

コンピュータ上で読解を行う際には、ポップアップ辞書を使用すれば、クリック1つで単語の意味を調べられます。例えば、iPhoneやiPadであれば、意味を調べたい単語をクリックして、「調べる」をタップすることで、気になる単語の意味を即座に確認できます。

STAVE ONE.

MARLEY'S GHOST.

MARLEY was dead: to begin with. There is no doubt whatever about that. The register of his burial was signed by the clergyman, the clerk, the undertaker, and the chief mourner. Scrooge signed it: and Scrooge's name was good upon 'Change, for anything he chose to put his hand to. Old Marley was as dead as a door-nail.

↑　iPhoneやiPadで気になる単語を選択し、「調べる」をタップする。

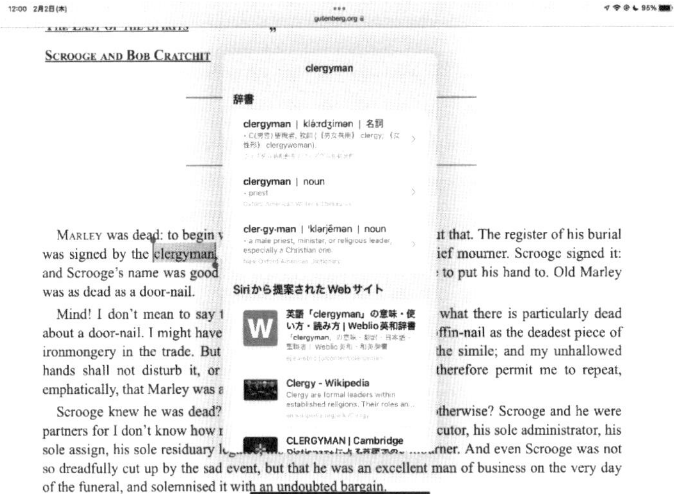

↑　その単語の意味が表示される。

パソコンでもGoogle Chromeなどのブラウザに「Weblioポップアップ英和辞典」などの拡張機能を追加することで、同様の機能が実現できます。

2

リーディングの流暢性を高めるための学習法

リスニングと異なり、リーディングでは読者が自分で読むスピードをコントロールできるため、リスニングほど流暢性（スピード）が求められないことは事実です。

例えば、母語話者の自然な発話を聞き取るには、毎分150語程度のペースでリスニングできる必要がある一方[3]、リーディングにおいては、自分のレベルにあったペースで読み進められます。

とはいえ、Eメール1通を読むのに何時間もかかっていては業務に支障が出るでしょう。また、読解速度が遅いと、株価暴落に気づくのが遅くなり、大損してしまう（?）かもしれませんので、**リーディングにおいても流暢性が高いに越したことはありません。**以下に、リーディングの流暢性を高めるためのポイントを紹介します。

1. 単語と定型表現の知識をつける

リーディングの正確性だけでなく、流暢性を高める上でも、語彙知識が重要です。例えば、Final Fantasy is the epitome of Japanese games.（Final Fantasyは日本製ゲームの______である）という英文があったとします。epitomeの意味（典型、縮図）を瞬時に思い出せる学習者と、5秒くらい考えてようやく思い出せる学習者がいた場合、後者の方が読解に時間がかかってしまうのは当然です。単語カードやアプリなどを使用して、英単語を見た瞬間に意味を思い出す練習をしましょう。

リーディングにおける流暢性をつける上では、単語だけでなく、**定型表現の知識も不可欠です。定型表現の知識があると、一字一句に注意を払わなくてもテキストの内容を高い精度で予測できるため、素早い内容理解が可能になるからです。**

例えば、英語母語話者を対象に定型表現の処理速度を調べた研究では、

Ⓐ They were **in abject poverty** but they seemed to make the best of their situation.
Ⓑ They were **in total poverty** but they seemed to make the best of their situation.[4]

という2つの文があった場合、Ⓐ文のabject povertyの方が、Ⓑ文のtotal povertyよりも速く処理される（＝読解にかかる時間が短い）ことが示されています。

in abject poverty は「極貧で、ものすごく貧しくて」という意味の定型表現です。筆者がアメリカ英語の用例を調べたところ、「in abject＋名詞」という用例は全部で159件ありましたが、その内の79件は in abject poverty でした。

つまり、「in abject＋名詞」全体のうち、in abject poverty は約半数（49.7％）を占めるということです。「in abject ＿＿ と来たら、次は poverty が来るだろう」と高い確率で予測できるので、in abject poverty は非常に速く処理されます。

一方で、in total poverty という表現はあまり一般的ではありません。筆者がアメリカ英語の用例を調べたところ、「in total＋名詞」という用例は全部で3,049件ありましたが、in total poverty は1件のみでした。比率にすると、わずか0.03％です。ですから、in total ＿＿ と来ると、母語話者は in total agreement（完全に一致して）, in total control（完全に制御して）, in total shock（度肝を抜かれて）, in total denial（完全に否定して）, in total darkness（真っ暗闇に）など、より頻度の高い別の表現を期待してしまうでしょう。そのため、in total poverty は一字一句きちんと読まねばならず、処理が遅くなるのです。

もう1つ例を挙げましょう。英語圏の大学院に出願したとします。選考結果がメールで送られてきて、We are pleased to inform you that you have been accepted into ABC University. と書いてあれば、初めの数語を読んだだけで、無事合格したとわかります。**We are pleased to inform you that ...（謹んで～をお知らせいたします）は、合格や承認など喜ばしいニュースを知らせる時に使う決まり文句だからです。**

一方で、We regret to inform you that .... という書き出しであれば、文の後半に注意を払わなくても、残念ながら不合格だったと推測できます。日本の就活におけるいわゆる「お祈りメール」でも、「厳正なる選考の結果、誠に残念ではございますが…」と来たら、「今回は貴意に沿いかねる結果となりました」が予測できるのと同じですね。

上の例からもわかる通り、イディオム・コロケーション・二項表現などの定型表現を多く知っていると、ある単語の後にどのような語が続くかを高い確率で予測できます。結果的に、一字一句細かく注意を払わなくても、正確な文意を素早く理解できるようになります。単語と定型表現の具体的な学習法については、第2章・第3章をご覧ください。

2.「シャトルラン」のように再読してスピードを上げる

単語と定型表現の知識があれば、リーディングの流暢性をある程度つけることはできますが、それだけでは不十分です。**流暢性を高めるのに特化したトレーニングも行う必要があります。**

野球にたとえるなら、筋トレをすれば野球のバッティングはある程度うまくなるでしょう。しかし、さらに良いバッターになりたければ、筋トレだけでは不十分で、バッティング自体の練習をする必要があるのと同じです。

リーディングの流暢性をつける効果的な方法の1つに、再読（repeated reading）があります。その名の通り、同じテキストを複数回読む活動です。目安として、同じテキストを3回くらい読むことが望ましいと言われています。[5] 1回目より2回目、2回目より3回目と、回を重ねるごとにスピードアップを目指しましょう。体力テストの「シャトルラン」のイメージです。

再読する際には、音読でも黙読でも構いません。音読の場合は1分あたり150語、黙読の場合は1分あたり250語のペースで読むことを目標にしましょう（参考までに、母語話者は毎分300語程度のペースで英文を読めると言われています）。

再読する際には、意味がわからないテキストを読むのは好ましくありません。辞書や解説などを参照しなくても内容が理解できる、やさしめのテキストを使いましょう。あるいは、難しめのテキストであれば、解説や和訳を確認して、内容をきちんと理解した上で再読しましょう。

3. 速読訓練で読解速度を上げる

リーディングの流暢性を高めるのに効果的なもう1つの学習法に、速読（speed reading）があります。ポール・ネイション氏（ヴィクトリア大学ウェリントン）のWebサイトでは、速読に役立つ教材が無料で公開されているため、活用しましょう。

https://www.wgtn.ac.nz/lals/resources/paul-nations-resources/speed-reading-and-listening-fluency

具体的には、以下の手順で学習します。[6]

①400語程度の英文を、時間を計測しながら読む。
②読み終わったら、かかった時間をメモする。
③英文に関する内容理解問題に答える。
④テキストの語数を所要時間（分）で割り、1分あたりの読解スピードを計算する。例えば、400語のテキストを3分で読めた場合、読解スピードは1分あたり133語（400 / 3＝133）。
⑤内容理解問題の答え合わせをする。70～80％程度の正答率が望ましい。
⑥読解スピードと正答率をグラフにまとめる。

ネイション氏のWebサイトに掲載されている英文は、いずれも長さが400語程度であり、内容理解問題や模範解答も付属しているため、速読トレーニングに適しています。読解スピードと正答率を記入するためのグラフも付属しています。「500語レベル」「1,000語レベル」「2,000語レベル」「3,000語レベル」「4,000語レベル」など、難易度別に複数の教材が用意されており、自分のレベルにあった英文で速読練習ができます。**このような速読練習を行うと、読解速度を1.5～2倍にできるといいます。**[7]

4. 多読で読解速度を上げる

再読・速読に加えて、**多読（extensive reading）もリーディングの流暢性を高める上で効果的です。**多読とは、その名の通り簡単な英文をたくさん読む活動です。

夏目漱石も「英語を修むる青年はある程度まで修めたら辞書を引かないで無茶苦茶に英書を沢山読むがよい、少し解らない節があって其処は飛ばして読んでいってもドシドシと読書していくと終いには解るようになる」と述べ、ある程度の英語力を身につけた後は、多読を勧めています。[8]

多読の主目的は、新しい単語や文法事項を学ぶことではなく、あくまでもテキストの内容を理解することです。ですから、多読は言語重視学習ではなく、意味重視学習に分類されます（第1章を参照）。**教材としては、知らない単語や文法事項がほとんど含まれない英文を使用します。**未知の言語項目が多く含まれる教材では、「多読」ではなく、「精読」（intensive reading）になってしまうからです。

1つの目安として、多読で用いる教材は98％以上が既知語（すでに知っている単語）であることが望ましいと言われています。例えば、400語から構成されるテキストであれば、そのうちの392語はすでに知っている単語で、未知語は8語以下が望ましい、ということです（一方で、精読であれば既知語の割合は85〜95％くらいでも問題ありません）。平均的な英語の書籍は、1ページあたりの語数が300程度ですので、1ページにつき知らない単語が6語（300×0.02＝6）を超えるようであれば、そのテキストは多読には難しすぎるといえます。

Cambridge University Press, Oxford University Press, Cengageなど、様々な出版社から多読用の教材が出版されているので、それらを活用しましょう。

どのような教材を読めば良いかわからない場合は、『英語多読：すべての悩みは量が解決する！ 暗記も努力も我慢もゼロなのに英語力が伸びる』（アルク）、『英語多読法　やさしい本で始めれば使える英語は必ず身につく！』（小学館）、『日本人のための楽しい「英語読書」入門』（22世紀アート）などの書籍や、The Extensive Reading FoundationなどのWebサイトを参考にしましょう。

The Extensive Reading Foundationでは、その年に出版された多読用教材の中から、優れたものを選んで表彰しています。過去の受賞作品は、以下から確認できます。

https://erfoundation.org/wordpress/awards-grants/the-annual-language-learner-literature-awards/

「Young Learners 部門」「Adolescent & Adult: Beginners 部門」「Adolescent & Adult: Elementary 部門」「Adolescent & Adult: Intermediate 部門」など、様々なカテゴリー別に受賞作品とノミネート作品が発表されており、まるでアカデミー賞の多読教材版といった趣です。

多読教材に関する情報を日本語で入手したい場合は、「SSS（英語多読研究会）」（https://www.seg.co.jp/sss/）や「NPO多言語多読」（https://tadoku.org/english/epic）のWebサイトも参考になります。

また、インターネットには多読に活用できる多くの教材が無料で公開されています。以下のWebサイトを使用すれば、書籍を購入しなくても、多読ができます。

- ・Extensive Reading Central（https://www.er-central.com）
- ・The Extensive Reading Foundation（https://erfoundation.org/wordpress/free-reading-material）
- ・Paul Nation's Resources（https://www.wgtn.ac.nz/lals/resources/paul-nations-resources/readers）
- ・CommonLit（https://www.commonlit.org）
- ・Free Graded Readers（https://freegradedreaders.com/wordpress）
- ・Oxford Owl（https://www.oxfordowl.co.uk）

多読をする際に気をつけることはあるでしょうか？「NPO多言語多読」は、次の3つを「多読三原則」として紹介しています。

1 辞書は引かない
2 わからないところは飛ばす
3 合わないと思ったら投げる

注）https://tadoku.org/english/three-golden-rules/　より。[9]

すでに述べた通り、多読では知らない単語や文法事項がほとんど含まれない英文を読むのが前提です。そのため、辞書は基本的には使用しません。しかし、何度も出てきて気になる単語があったり、「この単語の意味がわからないと文章の意味がつかめない」といったりする場合は、辞書を引いても問題ないでしょう。**語彙習得の観点からも、辞書は引かないよりは引いた方が効果的です。**

3つ目の原則「合わないと思ったら投げる」は、難易度あるいは内容の観点から自分に合わないと思ったら、**途中でも躊躇なく投げ出して、他の教材に移って良いという意味です。**多読は別名 reading for pleasure（楽しむための読書）とも呼ばれます。難しすぎる教材やつまらない教材を無理して読む必要はありません。日本語に訳したり、読解スピードを計測したり、内容理解問題に答えたりする必要もありません。**「興味がある内容について読書していたら、時間が経つのを忘れて、いつの間にかたくさん読めていた」という状況を目指しましょう。**

多読の効果を高める工夫

多読をすることで、読解スピードが大きく上がるのはもちろん、読解の正確性や語彙力なども伸びることが研究で示唆されています。[10]以下に、多読の効果を高める方法を紹介します。

①新聞や雑誌記事を読む際には、narrow readingを

新聞や雑誌記事を多読する際には、様々なトピックの記事をつまみ食いするのではなく、「新型コロナウイルス感染症に関する記事だけを読む」というように、トピックを限定するとより効果的です。このように、ある狭い（=narrow）トピックに関連した複数のテキストを読むことは、narrow readingと呼ばれます。

narrow readingには、2つの利点があります。

第1に、特定の単語や定型表現に複数回出会うため、これらに繰り返し接しているうちに処理速度が速くなり、読解の流暢性が増すと考えられます。例えば、新型コロナウイルス感染症に関する複数の記事を読むと、pandemic（パンデミック）, infection（感染）, vaccine（ワクチン）, cluster（クラスター）, disinfect（～を消毒する）, state of emergency（緊急事態）など、特定の表現に複数回出会うでしょう。**同じ表現に繰り返し接するうちに、これらの表現を理解するスピードが速くなり、流暢性が増すでしょう。**

第2に、用いられている表現だけでなく、内容も重複しているため、内容理解が加速度的に容易になる効果も期待できます。例えば、新型コロナウイルス感染症、ロシアのウクライナ侵攻、円安など、異なるトピックの記事を読むと、用いられる表現や内容が大きく異なるため、1つの記事を読んだところで別の記事が理解しやすくなるとは限りません。一方で、新型コロナウイルスに関する複数の記事を読むと、表現だけでなく、内容も重複しているでしょう。そのため、narrow readingをし

ているうちに内容理解が加速度的に容易になる効果が期待できます。

新聞・雑誌記事だけでなく、ハリー・ポッターやシャーロック・ホームズなど、シリーズものの小説を継続的に読み、narrow reading することもできます。

② 内容に馴染みがあるものを読む

多読をする上では、辞書や解説などに頼らないでも、7〜9割程度は理解できることが必要です。そのため、まったく馴染みがないトピックについて読むのではなく、すでに背景知識がある内容に関して読むのがお勧めです。

例えば、**日本語ですでに読んだことがある書籍の英語版を読むと良いでしょう。** Extensive Reading Central（https://www.er-central.com）というWebサイトでは、The Emperor's New Clothes（裸の王様）やThe North Wind and the Sun（北風と太陽）など、日本の学習者にも馴染み深いであろう物語の英語版が掲載されています（Extensive Reading Central の詳細については、「(3) リーディング学習に役立つ教材・アプリ」で紹介します)。

フィクションよりもノンフィクションに興味がある場合は、**日本語のニュース・新聞ですでに馴染みがある話題に関する英文記事を読みましょう。**

例えば、NewsOnJapan.com（https://www.newsonjapan.com）というWebサイトでは、日本の政治・経済・芸能・スポーツに関する多くの英文記事を読むことができます。Yahoo ニュースなどで日本語の記事を読んだ後にそれに対応する英語の記事を読むと、辞書に頼らずとも、内容がスムーズに理解できるでしょう。

3 リーディング学習に役立つ教材・アプリ

精読・多読・速読の全てに役立つ Extensive Reading Central

精読・多読・速読に役立つ教材の多くは、インターネットから無料で入手できます。

ここでは、特に有用な Extensive Reading Central（https://www.er-central.com）という Web サイトを紹介します。この Web サイトでは、様々な英文テキストが難易度別に掲載されており、**自分のレベルにあった教材を無料で読むことができます。**

この Web サイトを使う上では、まず自分の読解レベルを測定しましょう。具体的には、無料のユーザー登録を行った後、「私のレベルは？」というリンクをクリックします。すると、以下のような読解レベル診断が始まります。

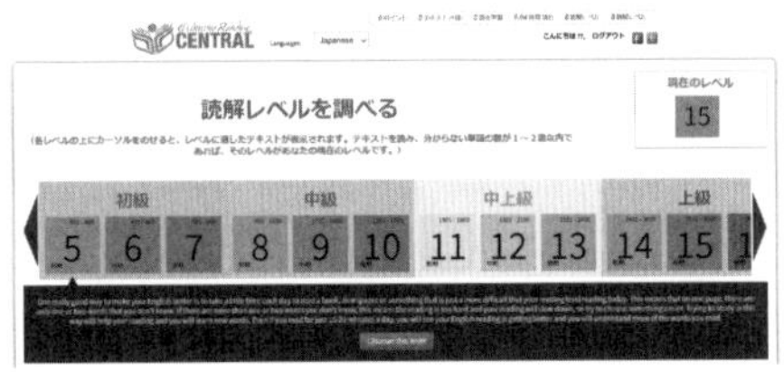

ここでは、仮にレベル8（中級の前期）と診断されたとします。次に、自分のレベルに合ったテキストを探しましょう。「読む」→「リーディング・ライブラリ」をクリックします。左側に「レベルを選択」というプルダウンメニューがありますので、8を選択します。

すると、レベル8相当のテキストが一覧表示されます。タイトルや要約を見て、面白そうなテキストを選びましょう。

ここでは、ニュージーランドの先住民に関するテキスト、The Maori を選んでみました。テキスト中に意味がわからない単語があったら、その単語を選択して右クリックします。ここでは、population という単語を選んで右クリックしました。すると、以下のように和訳、英語による定義、例文が表示され、意味が確認できます。

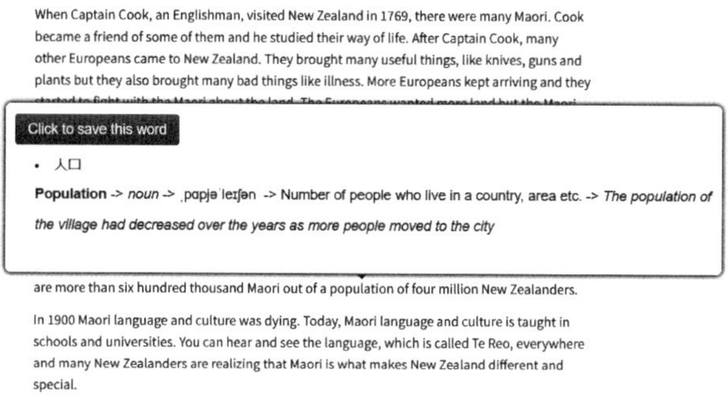

When Captain Cook, an Englishman, visited New Zealand in 1769, there were many Maori. Cook became a friend of some of them and he studied their way of life. After Captain Cook, many other Europeans came to New Zealand. They brought many useful things, like knives, guns and plants but they also brought many bad things like illness. More Europeans kept arriving and they

Click to save this word

- 人口

Population -> *noun* -> ˌpɑpjəˈleɪʃən -> Number of people who live in a country, area etc. -> *The population of the village had decreased over the years as more people moved to the city*

are more than six hundred thousand Maori out of a population of four million New Zealanders.

In 1900 Maori language and culture was dying. Today, Maori language and culture is taught in schools and universities. You can hear and see the language, which is called Te Reo, everywhere and many New Zealanders are realizing that Maori is what makes New Zealand different and special.

テキストを読み終わったら、右下の Finish ボタンを押します。すると、「Take a Quiz」「No Quiz」というボタンが表示されます。もし、テキストに関する小テストを受けたければ

「Take a Quiz」を、受けたくなければ「No Quiz」を押しましょう。「Take a Quiz」を選ぶと、テキストに関する内容理解問題が表示されます。

Extensive Reading Centralでは、今まで読んだテキスト数、総語数や総時間が記録され、学習の励みになります。画面の一番上を見てみましょう。

「3テキスト(1,246語)」と「0.41時間読む」と書かれています。これは、Extensive Reading Centralを活用して、今までに3つのテキスト、合計で1,246語を0.41時間かけて読んだという意味です。

英語の中級者を目指す上では30万語、上級者では155万語、超上級者では223万語程度を多読することが必要だという推計があります。[11]いずれにも遠く及びませんが、1分間に100語読めると仮定した場合、1日30分のペースで読み続ければ、**1年間で100万語を突破できます**(100×30×365＝1,095,000)。「ちりも積もれば山となる」という格言を信じて、多読を継続しましょう。

Extensive Reading Centralはその名の通り、多読(extensive reading)を支援するために開発されました。しかし、非常に多機能であり、多くのテキストが用意されているため、多読はもちろん、精読・速読にも活用できます。

まず、多読をする上では、自分の読解レベルと同じくらい、あるいは少し低めのテキストを選びましょう。知らない単語は無視しても良いですし、気になったら右クリックして意味を調べてみましょう。一字一句に注意は払わず、テキストの概要把握を目指しましょう。テキストを読み終わった後に表示される内容理解問題（Quiz）は、解かなくても良いでしょう。

次に、精読をする上では、自分の読解レベルよりもやや高めのテキストを選びます。知らない単語は右クリックして意味を確認したり、辞書で調べたりしましょう。テキストの概要だけでなく、一字一句正確な理解を目指します。

もし読んでいてわからない箇所があったら、すでに紹介したChatGPTにたずねたり、DeepL翻訳やGoogle翻訳などの機械翻訳を使ったりすると良いでしょう。テキストを読み終わったら、内容理解問題（Quiz）を解いて、正確に理解できているか確認しましょう。

Extensive Reading Central を使った速読訓練

Extensive Reading Centralには、速読の訓練をする機能も用意されています。速読練習をするには、「読む」をクリックし、「速読トレーニング」を選びます。テキストを選択し、「速読用テキスト」を選びます。自分の読解レベルと同じくらい、あるいは少し低めのテキストを選びましょう。

すると、右ページのような速読用トレーニングが始まります。タイマーが経過時間を教えてくれますので、なるべく速くテキストを読みましょう。多読の際と同じく、一字一句に注意は払わず、テキストのおおまかな内容理解を目指しましょう。なお、速読用トレーニングでは単語を右クリックしても、意味を表示してくれません。テキストを読み終わったら、「おわり」ボタンをクリックします。

Before Europeans came to New Zealand, the Maori people were already living there. The Maori first came to New Zealand about 1000 years ago but the biggest number came after the year 1100. They came more than two thousand miles in small boats from the islands in the middle of the Pacific Ocean. The weather in New Zealand was colder than the Pacific islands but the Maori changed their way of life to fit in with the new conditions.

When the Maori arrived in New Zealand, they found many large birds. One of the birds, the moa, was much taller than a person. It could not fly but it could run very fast and it could kill a person by kicking them. The moa was very useful to the Maori. They were good to eat because there was a lot of meat on one bird. The people used them to make clothes. Moa eggs were big and the Maori used them for carrying water. By the time Europeans came to New Zealand, there were no more of these birds. They were all dead.

すると、次ページのように読解にかかった時間と、1分あたりに読めた単語数が表示されます。

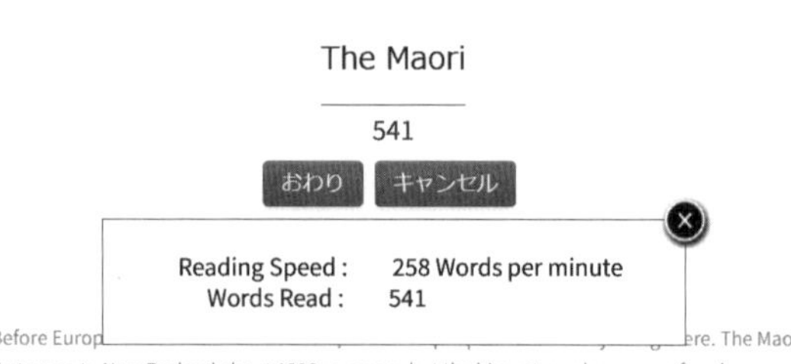

ここでは、541語からなるテキストを126秒で読んだので、1分あたり258語（541 / 126 × 60 = 257.6）と表示されています。

AIに英文をやさしく書き換えてもらう

自分が読みたい英文が難しすぎる場合は、ChatGPT（https://chat.openai.com/chat）などのAIにテキストをやさしく書き換えてもらうこともできます。例えば、以下はチャールズ・ディケンズの小説、クリスマス・キャロルの冒頭部分です。

Marley was dead, to begin with. There is no doubt whatever about that. The register of his burial was signed by the **clergyman**, the clerk, the **undertaker**, and the chief mourner. Scrooge signed it. And Scrooge's name was

good upon 'Change for anything he chose to put his hand to. Old Marley was as dead as a door-nail.
Mind! I don't mean to say that I know of my own knowledge, what there is particularly dead about a door-nail. I might have been inclined, myself, to regard a coffin-nail as the deadest piece of **ironmongery** in the trade. But the wisdom of our ancestors is in the simile; and my **unhallowed** hands shall not disturb it, or the country's done for. You will, therefore, permit me to repeat, emphatically, that Marley was as dead as a door-nail.

clergyman（聖職者、牧師）や undertaker（葬儀屋）などの難しい単語が使われており、理解するのはなかなか大変です。

そこで、「この英文を CEFR の A1レベルに書き換えてください」と ChatGPT に依頼すると、以下のように書き換えてくれました（注：CEFR の「A1レベル」とは、6段階で1番下のレベルを指します）。

Marley was dead from the beginning. There's absolutely no doubt about it. The record of his burial was signed by the priest, the person who keeps records, the person in charge of funerals, and the main mourner. Scrooge also signed it. And Scrooge was well-known and trusted in business for anything he decided to do. Old Marley was completely dead, just like a doornail.

But wait! I don't mean to say that I personally know why a doornail is considered particularly dead. I might have thought a coffin nail was the deadest piece of hardware in the trade. However, our ancestors used this comparison wisely, and I won't question it. If I did, it would be a disaster for the country. So, please allow me to repeat strongly that Marley was completely dead, just like a doornail.

clergymanやundertakerなどの難解な語がなくなり、全体的に語彙レベルが下がって読みやすくなっていることがわかります。

「どうしてもこの英文を読みたいけれど、難しすぎて理解できない」という場合は、ChatGPTやBing（https://www.bing.com）などのAIに書き換えを依頼してみましょう。

第7章

リスニング

「読めばわかるはずの文章でも聞き取れない」「ゆっくり話してくれれば聞き取れるのに、自然なスピードになるとお手上げ」と、リスニングに苦手意識がある方は多いかもしれません。

本章では、なぜ英語の聞き取りが難しいかを考えたうえで、リスニング力を効果的に伸ばす方法をご紹介します。

1

なぜ英語の聞き取りは難しいのか?

リスニングの効果的な学習法を考える前に、**なぜ英語の聞き取りが難しいかを考えてみましょう。**聞き取りを難しくする要因がわかれば、それを元にリスニングの効果的な学習法を逆算できるからです。

英語が聞き取れない要因には、大きく分けて以下の4つがあるでしょう。

1. 単語や文法に関する知識が不十分である

例えば、洋画を見ていて以下のようなセリフがあったとします。

I can't believe we actually managed to **infiltrate** the party.

infiltrateは「(〜に) 侵入する、(〜に) 浸透する」という意味の動詞です (一見難しそうな単語ですが、映画やTV番組でもよく使われます)。もし、infiltrateという単語を知らなかったとしたら、このセリフを聞き取るのは困難でしょう。

第6章リーディングでは、英文中における既知語（すでに知っている単語）の割合が少なくとも95〜98%以上でないと、正確な英文理解が困難になるという研究を紹介しました。**リスニングにおいても、既知語の割合が95%以上ないと、理解が困難になることが示されています。**[1]

単語だけでなく、文法に関する知識も、リスニングに不可欠です。例えば、関係代名詞や仮定法過去完了などに馴染みがなければ、これらの文法事項が使われた英文を正確に聞き取り、理解するのは難しいでしょう。

ここまでの説明でおわかりの通り、**単語と文法に関する知識は、リスニングに大きな影響を与えます。**つまり、リスニング力を高める1つ目の方法は、単語と文法を学習することです。第2章と第4章を参考に、語彙と文法の基礎を改めて固めましょう。

2. 発音に関する知識が不十分である

第2に、単語の正確な発音を知らないために、聞き取りが困難になることもあります。例えば、vaccine はワクチンという意味ですが、日本語の「ワクチン」とは発音がだいぶ異なり、「ヴァクスィーン /væksíːn/」に近い発音になります。もし、vaccine の発音を「ワクチン」と覚えていたら、vaccine を聞き取ることは難しいでしょう。

このように、**ある程度馴染みがある単語だったとしても、正確な発音を知らないと聞き取れません。**新しい単語を学ぶ際には、スペリングや意味だけでなく、その発音にも注意を払いましょう。単語の発音は、オンライン辞書やGoogleなどで確認できます。詳しくは、第5章の「(4) 発音学習に役立つ教材・アプリ」(p. 196) をご覧ください。

3. 音声変化に関する知識が不十分である

第5章で述べた通り、英語には連結・脱落・同化などの音声変化があります。例えば、take careでは、同じ /k/ の音が連続しています (takeの /k/ とcareの /k/)。この場合、takeの /k/ が脱落し、「テイク　ケア」ではなく「テイケア」のように聞こえることがあります (『改訂3版　英語耳　発音ができるとリスニングができる』KADOKAWA)。

このような音声変化に関する知識が不十分だと、すでに知っている単語であったとしても、聞き取れないことがあります。詳細は第5章の「(3) プロソディーとは？」(p. 182) をご覧ください。

4. リスニングの流暢性が不足している

もう1つの原因としては、リスニングの流暢性が不足していることが挙げられます。リーディングと同じく、リスニングの能力も「正確性」(accuracy) と「流暢性」(fluency) とに分けられます。「正確性」とは、英文を正しく聞き取る能力を指します。例えば、It sounds less like an apology than an attempt to shift the blame. という英文を聞いて、「それは謝罪というより、責任転嫁のように聞こえる」と解釈できれば正確性が高く、できなければ正確性は低いと言えます。

一方で、「流暢性」とは、英文を聞き取るスピードを指します。例えば、1分あたり100語のペースで話してもらえれば聞き取れるのに、1分あたり150語のペースではお手上げという場合は、リスニングの流暢性が不足しています。**自然な英語を聞き取るためには、正確性だけでなく流暢性も欠かせません。**

リスニングの流暢性はどうすれば高められるでしょうか？この質問に答えるためには、英文を聞き取る際にどのような処理が行われているかを理解する必要があります。例えば、I gave my father a letter. という英文を聞き取る際には、少なくとも以下のことを瞬時に行う必要があります。

① 音声知覚

/aɪ géɪv maɪ fá:ðər ə létər/ という音声を聞き取る。

②語彙処理

聞き取った音声を脳内の辞書（専門的には「メンタルレキシコン」mental lexiconと呼ばれます）と照らし合わせ、聞こえてきた音声をI gave my father a letter. という英文に変換する。そして、それぞれの単語の意味を思い浮かべる。

③文法処理

I gave my father a letter. という英文はSVOOの第4文型で、「Iは主語、gaveは述語動詞、my fatherは間接目的語、a letterは直接目的語である」というように、文法的な構造を把握する。

④意味処理

I gave my father a letter. という英文は、「私は父親にa letterをあげた」という意味だと解釈する。

⑤文脈処理

letterには「文字」と「手紙」などの意味があるが、「私は父親に文字をあげた」では変なので、ここでは「手紙」という意味で使われているだろうと解釈する。

注）『外国語を話せるようになるしくみ シャドーイングが言語習得を促進するメカニズム』（SBクリエイティブ）を参考に作成。

母語話者は1分間に150語程度のペースで英語を話すと言われています。[2]つまり、英語の自然な発話を理解するためには、1秒あたり2.5語（150 / 60 = 2.5）のペースで聞き取る必要があります。そして、それぞれの単語について、先ほどの①〜⑤のような処理を行わなくてはいけません。

「ゆっくり話してくれれば聞き取れるのに、自然なスピードになるとお手上げ」という方もいらっしゃるでしょう。その場合は、①〜⑤の処理が自然な発話のスピードに追いついていないことが原因だと考えられます。つまり、リスニングの正確性はあるものの、流暢性が不足している可能性があります。

次ページから、リスニングの正確性と流暢性を高めるための学習法を紹介します。

2 リスニングの正確性を高めるための学習法

リスニングの正確性を高めるためには、「精聴」(intensive listening) が効果的です。精聴とは、「精読」(intensive reading) のリスニング版です。

具体的には、知らない単語や文法事項が含まれた難しめの文章を何回も繰り返し聞き、細部まで理解することを目指します。精聴をすることで、リスニングの正確性を高められます。

特に、第1章で紹介した「4技能同時学習法」**(p. 38)****がお薦めです(リスニング力を高めるためには、特にステップ1〜3を重点的に行いましょう)。**1日に学習する教材は30秒〜1分程度と短いもので構いません。スクリプト・和訳・解説を参照しながら、一字一句正確に聞き取り、理解できるようになるまで学習しましょう。

3

リスニングの流暢性を高めるための学習法

1. 単語と定型表現の流暢性を高める

すでに述べた通り、英語の母語話者は1分間に150語程度のペースで発話するといわれています。これを理解するためには、1秒あたり2.5語のペースで単語を処理する必要があります。

ですから、自然な発話を聞き取るためには、単語知識の流暢性が欠かせません。つまり、英単語の発音を聞いて、瞬時に意味を思い出せる必要があります。

具体的には、単語カードや単語学習アプリを使用して、**「英単語を見て、瞬時に意味が言えるようにする」「英単語の発音を聞いて、瞬時に意味が言えるようにする」練習をしましょう。**

リスニングの流暢性を高めるためには、個別の単語だけでなく、イディオム・コロケーション・句動詞など、**定型表現の知識もきわめて重要です。**第3章で述べた通り、母語話者が話したり書いたりした言葉のうち、5〜8割程度が定型表現から構成されると言われています。そのため、定型表現の知識が豊富だと、相手の言うことを最後まで聞かなくても、何を言おうとしているか予測できるからです。日本語でも、「そんなこと急に言われても○○」ときたら、○○には「困る」や「無理」などが来ると予測できます。[3]

英語でも同様です。以下の空所を埋めて、フレーズや文章を完成させてください。

1. to tell you the ____
2. to make a long story _____
3. I couldn't care ____.
4. That sounds too good to be _____.
5. When they heard the news, they breathed a sigh of ____.
6. It was two in the morning, and I was still wide ____.
7. Stop beating around the ____.
8. That seems to be the exception, not the _____.
9. We'll have to do it sooner rather than _____.
10. I don't trust doctors, present company _____.
11. I must disagree, with all due _____.
12. I cannot think of anything off the top of my _____.
13. We have to take everything he says with a grain of _____.
14. It began to rain, to make matters _____.

15. Absence of evidence is not evidence of _____.
16. It's the best thing since sliced _____.
17. His efforts finally paid _____.
18. Machine translation still has a long way to _____.
19. The interview was a disaster, from start to _____.
20. During winter, we have lots of things to look forward _____.

注）Boers, F., & Lindstromberg, S. (2009). *Optimizing a lexical approach to instructed second language acquisition*. Palgrave Macmillan などを元に作成。

英語の母語話者や上級者に上の穴埋め問題を解いてもらうと、十中八九以下のような回答になります。

1. **to tell you the *truth***
訳：正直に言うと
2. **to make a long story *short***
訳：要するに、かいつまんで言うと
3. **I couldn't care *less*.**
訳：いっこうに平気だ、まったくかまわない。
＊肯定文の I could care less. が否定文の I couldn't care less. と同じ意味で使われることもある。

4. That sounds **too good to be *true***.

訳：その話はあまりにもうますぎて、本当とは思えない。

5. When they heard the news, they **breathed a sigh of *relief***.

訳：その知らせを聞き、彼らはほっと息をついた。

6. It was two in the morning, and I was still **wide *awake***.

訳：夜中の2時だったが、私はまだぱっちり目が覚めていた。

7. Stop **beating around the *bush***.

訳：遠回しな言い方はやめてくれ（もったいぶらないで）。

8. That seems to be **the exception, not the *rule***.

訳：それは例外であって、普通のことではないようだ。

9. We'll have to do it **sooner rather than *later***.

訳：いずれ近いうちにやらなければならないだろう。

10. I don't trust doctors, **present company *excluded***.

訳：私は医者を信用していません。ここにいらっしゃる方々は別ですが。

* present company excepted と言うこともあ

る。present company included だと、「ここにいらっしゃる方々も含めて」という意味。

11. I must disagree, **with all due *respect***.
訳：失礼ながら、私はそうは思いません。

12. I cannot think of anything **off the top of my *head***.
訳：とっさには何も思いつきません。

13. We have to **take** everything he says **with a grain of *salt***.
訳：彼の言うことは全てうのみにできない。

14. It began to rain, **to make matters *worse***.
訳：さらに悪いことに、雨が降り始めた。

15. **Absence of evidence is not evidence of *absence***.
訳：証拠がないことは、ないことの証拠にはならない（証拠の不在は、不在の証拠ではない）。
* 例えば、エイリアンの存在を示す証拠がないからといって、エイリアンが存在しないことを積極的に示す証拠にはならない、ということ（エイリアンは存在するのに、まだその証拠が見つかっていないだけという可能性もある）。

16. It's **the best thing since sliced *bread***.
訳：それはとても素晴らしいものだ。
* the best [greatest] thing since sliced bread は、文字通りには「スライスされたパン以来の最高のもの」という意味だが、「とても素晴ら

しいもの」という意味のイディオム。

17. His efforts finally **paid *off***.

訳：彼の努力はついに報われた。

* pay off は「うまくいく」「〜を完済する」という意味の句動詞。

18. Machine translation still **has a long way to *go***.

訳：機械翻訳はまだ発展途中だ（実用化までの道のりはまだ長い）。

19. The interview was a disaster, **from start to *finish***.

訳：その面接は最初から最後までさんざんなものだった。

20. During winter, we have lots of things to **look forward *to***.

訳：冬の間は、楽しみなことがたくさんある。

上の英文でハイライトした部分は、定型表現です。**定型表現を多く知っていると、相手の言うことを最後まで聞かなくても、何を言おうとしているか予測できます。**そのため、一字一句に耳を傾けなくても聞き取りができ、リスニングの流暢性が上がります。

10番の present company _____ のように、excluded, excepted, included など、複数の可能性があり、1つに絞り切れない場合があるのも事実です。しかし、後にどのような単語が来るかまったくわからない状態で聞くよりも、「3つのうちのどれかが来そうだな」と数個に候補が絞りこめる方が、聞き取りははるかに楽でしょう。

ここまででおわかりの通り、リスニングの流暢性を高める上で、定型表現の知識は大きな役割を果たします。第3章を参考に、多くの定型表現を身につけましょう。

2. リスニングの流暢性を高めるためのトレーニング

リスニングの流暢性を高めるためのトレーニング方法を紹介します。[4]まず、以下の条件を満たした教材を用意します。

1. 200〜300語程度の比較的短い英文で、音声とスクリプトが付属しているもの。
2. 知らない単語や文法事項がほとんど含まれておらず、難易度が比較的低いもの。

Breaking News English（https://breakingnewsenglish.com）などのWebサイトを使うと、上の条件を満たす教材が比較的簡単に見つけられます。ここでは、Internet use could lower risk of dementia（インターネットの使用が認知症のリスクを減らす可能性）という記事を選びました。

Internet use could lower risk of dementia (8th May 2023)

The Reading / Listening - Internet Use - Level 6

There is a plethora of research on the potential harm of the Internet. However, new research suggests that spending time online could be good for the mental health of older people. A study conducted by researchers from New York University found that regular Internet use could reduce the risk of dementia in those over 50. Study co-author Dr Virginia Chang explained why there could be a link between being online and better mental health. She wrote: "Online engagement may help to develop and maintain cognitive reserve, which can in turn compensate for brain aging and reduce the risk of dementia." The study concluded that "regularly using the Internet may be associated with cognitive longevity".

Researchers analyzed data from an American health and retirement study. This research involved questioning 18,154 adults over the age of 50 every two years for 16 years. All of the participants were dementia-free at the start of the research. Everyone was asked about their physical and mental wellbeing, and about how long they spent interacting with the Internet. The researchers discovered that those who used the Internet for up to two hours a day were half as likely to be diagnosed with having signs of dementia than those who were never online. The research also found that excessive Internet use (of 6 to 8 hours a day) may exacerbate the risks of developing dementia.

Try the same news story at these easier levels:

Internet Use - Level 4 **or** Internet Use - Level 5

Sources
https://gizmodo.com/Internet-use-dementia-risk-hours-online-brain-health-1850405066
https://edition.cnn.com/2023/05/03/health/Internet-use-dementia-risk-wellness/index.html
https://nypost.com/2023/05/03/daily-Internet-use-may-lower-older-adults-dementia-risk-study/

News

"Much has been said and written on the utility of newspapers; but one principal advantage which might be derived from these publications has been neglected; we mean that of reading them in schools."

The Portland Eastern Herald (June 8, 1795)

"News is history in its first and best form, its vivid and fascinating form, and...history is the pale and tranquil reflection of it."

Mark Twain, in his autobiography (1906)

"Current events provide authentic learning experiences for students at all grade levels.... In studying current events, students are required to use a range of cognitive, affective, critical thinking and research skills."

Haas, M. and Laughlin, M. (2000) Teaching Current Events: It's Status in Social Studies Today.

https://breakingnewsenglish.com/2305/230508-daily-internet-use.html より。

教材を決めたら、まずテキストを読んで、内容を理解しましょう。その後、テキストを見ながら音声を聞きます。はじめは、遅めのスピードで聞きます。その後、段階的にスピードを上げていき、最終的には自然なスピードでの聞き取りを目指します。

Breaking News English では、Slowest, Slower, Medium, Faster, Fastest という5つのスピードが用意されています。まず、LISTEN という見出しの下にある North American & British English をクリックしましょう。すると、次のような画面になります。

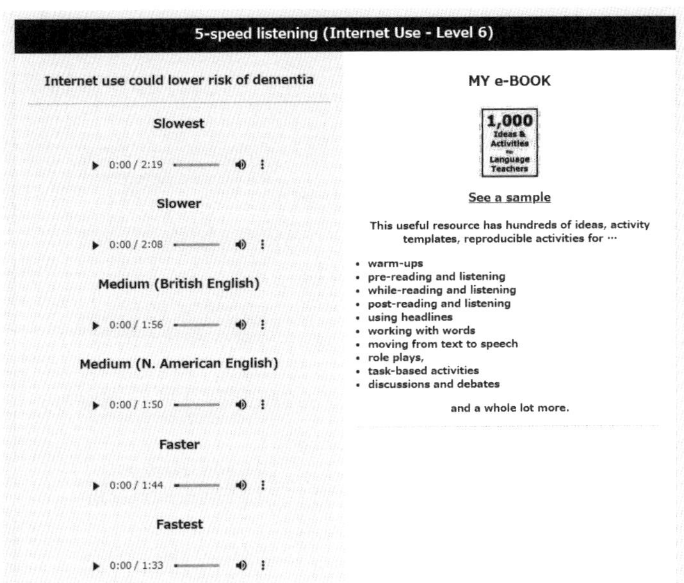

テキストを見ながら、まずはSlowestで聞いてみましょう。問題なく聞き取れたら、Slowest → Slower → Medium → Fasterと段階的に速度を上げていき、最終的にはFastestが聞き取れるようになるまで練習しましょう。このようなトレーニングを行うことで、リスニングの流暢性を高められるでしょう。

3. 多聴でリスニングの流暢性を高める

多聴（extensive listening）とは、多読のリスニング版で、簡単な英語をたくさん聞く活動です。多くの英文を理解することを通して、リスニングのプロセスが自動化するため、多聴もリスニングの流暢性を高めるのに有効だと考えられています。多聴で使う教材を選ぶ際には、以下の点に留意しましょう。

(1) 一度聞いただけで内容がほぼ理解できるよう、難易度が低い教材を用いましょう。多読と同じく、知らない単語や文法事項がほとんど含まれない教材が適しています。
(2) 多読と同じく、多聴ではたくさんの英語に触れることが欠かせません。「知らないうちにいつの間にかたくさんの英語を聞いていた」という状況になるように、自分の興味・関心がある内容について聞きましょう。

具体的には、BBC Learning English（www.bbc.co.uk/learningenglish), ELLLO（http://www.elllo.org), Randall's ESL Cyber Listening Lab（https://www.esl-lab.com）などのWebサイトや、ポッドキャスト、Audible（https://www.audible.co.jp）などの音声配信サービスが活用できます。第6章で紹介したExtensive Reading Central（https://www.er-central.com）は、音声も収録されているため、多聴教材としても使用できます（詳細は後述します）。

Netflix（https://www.netflix.com), YouTube（https://www.youtube.com), TED Talks（https://www.ted.com）などで、英語の動画を見

るのも良いでしょう（動画をたくさん見ることは、extensive listening ではなく extensive viewing と呼ばれます）。比較的理解しやすい子ども向けアニメを YouTube で見るのも良いでしょう。英語学習にお薦めの子ども向けアニメは、「NPO 多言語多読」の Web サイト（https://tadoku.org/english/anime）で紹介されています。

映画などの映像教材を学習に使用することには、利点と欠点があります。利点は、マルチモーダル（multi-modal）、すなわち、**音声だけでなく視覚情報も伴うことです。**[5]そのため、視覚情報がヒントとなり、内容理解がしやすいという利点があります。

また、実際の会話においては、音声だけでなく、表情やジェスチャーなどの視覚情報もメッセージを伝える上で重要な役割を果たします。マルチモーダルな映像教材で学習することで、これらの視覚情報を活用する練習ができます。

一方で、**映画などの映像教材の欠点は、英語のインプット量があまり多くないことです。**一般的な2時間の英語の映画で、セリフはだいたい10,000語くらいと言われています。[6] 1分あたり83語（10,000 / 120 = 83.3）にしかなりません。「母語話者は1分間に150語程度のペースで英語を話す」というデータと比較すると、発話の量がだいぶ少ない計算になります。映画ではアクションシーンや音楽が流れているシーンなど、セリフがない場面が多いことが影響しているのでしょう。

映像教材とは異なり、ポッドキャストやオーディオブックなどの音声メディアには、セリフがない箇所がほとんどありません。そのため、これらの音声メディアの方が、より多くの英語を効率よくインプットできるでしょう（余計な宣伝ばかりで本題になかなか入らず、イラっとしてしまうポッドキャストもたまにありますが、宣伝も英語のインプットであることには変わりありません）。

動画視聴サービスを用いる際には、英語で字幕を表示しながら、英語の音声を聞くことも推奨されています。英文を聞きながら同じ英文を読むことは、reading while listening（聞き読み）とも呼ばれます。音声と同じスピードで字幕を読むことが求められるため、リスニングだけでなく、リーディングの流暢性も高まります。

第6章の「多読」で紹介したnarrow readingを応用して、narrow viewingやnarrow listeningを行うのも良いでしょう。[7] narrow viewingとは、特定のトピックに関連した複数の動画を視聴することです。例えば、シリーズもののテレビ番組や特定のYouTubeチャンネルを継続的に見ることが挙げられます。narrow readingと同じく、narrow viewingには2つの利点があります。第1に、特定の単語や定型表現に複数回出会うため、これらに繰り返し接しているうちに処理速度が速くなり、流暢性が増すでしょう。第2に、用いられている表現だけでなく、内容も重複しているため、視聴を継続しているうちに、内容理解が加速度的に容易になると考えられます。

動画ではなく音声のみを用いる場合は、narrow viewingではなく、narrow listeningと呼ばれます。例えば、COVID-19（新型コロナウイルス感染症), sustainability（持続可能性), artificial intelligence（人工知能）など、特定のトピックに関連した複数のニュース報道を聞いたり、ハリー・ポッターやシャーロック・ホームズなど、シリーズものの小説をオーディオブックで継続的に聞いたりすることはnarrow listeningです。特定のポッドキャスト番組を定期的に聴くのも良いでしょう。

narrow viewingと同じく、narrow listeningにも、(1) 同じ単語や定型表現に繰り返し接しているうちに処理速度が速くなり、リスニングの流暢性が増す、(2) 内容理解が累進的に容易になるという2つの利点があります。

4

リスニング学習に役立つ教材・アプリ

リスニング学習に役立つ教材も、インターネットで手軽に入手できます。多聴に関しては、YouTubeやNetflixなどの動画ストリーミングサービスや、ポッドキャストを活用しましょう。多聴を成功させるカギは、やさしい英文をたくさん聞くことです。書籍に付属したCDでは長さに限界があるため、市販の教材よりもインターネット上に無数にある音源を活用した方が良いでしょう。

また、リーディングの章で紹介したExtensive Reading Central（https://www.er-central.com/）には、音声が付属しているテキストも多くあります。これらを活用すれば、精聴や多聴ができます。具体的には、Extensive Reading Centralで「聴く」をクリックし、「リスニング・ライブラリ」を選択しましょう。すると、音声が付属した英文素材の一覧が表示されます。リーディングの時と同じく、レベルやタイトル、概要を参考に、興味がある素材を選びます。ここでは、Yogaというテキストを選びました。

すると、次ページのような画面になります。再生ボタンを押すと、音声が流れます。下にスクロールすると本文も表示されており、聞き取れなかった箇所を文字で確認できます。

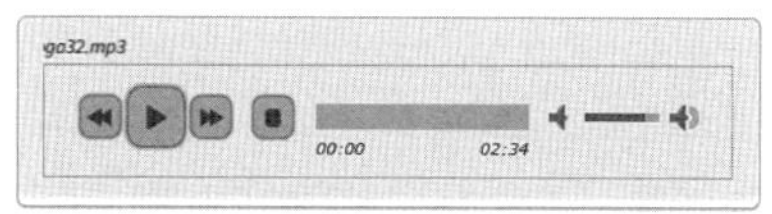

リスニング合計時間 00 時間 02 分 26 秒

分からない単語を見つけたら、選択して右クリックすると意味が表示されます。

Yoga

- By ELLLO

Todd: So, Jeff, part of your lifestyle is that you do yoga. Now, there's many types of yoga, so like what kind of yoga do you do? Do you do the really strenuous kind? Do you do the type to calm yourself for meditation?

Jeff: Yeah, there is many types of yoga but I'm not such a smart guy so I don't get into all that Hatha Yoga, and Kundalini Yoga and all that stuff. I just do..... sort of what I do is just stretching, but I did learn yoga in India from a Indian yogi, or guru, or whatever you call them, but it's just sort of like stretching, just slow controlled stretching and it's good to have a quiet space and you do it on an empty stomach, and then you just concentrate on nothing or concentrate on your

精聴と多聴のどちらをしたいかによって、教材の難易度や学習方法を変えましょう。具体的には、以下のようにすると良いでしょう。

精聴

・難易度が高めの素材を選ぶ。
・1つの素材を何回もじっくり聞く。
・わからない部分はスクリプトを確認する。
・意味がわからない単語は右クリックで意味を確認したり、辞書で調べたりする。
・聞き終わったら内容理解問題に答える（「おわる」ボタンをクリックし、「Take a Quiz」を選択すると、内容理解問題が表示される）。

多聴

・難易度が低めの素材を選ぶ。

・1回ずつで良いので、たくさんの素材を聞く。

・わからない部分はスクリプトを確認しても良い。しかし、わからない箇所があまりに多い場合は、素材が難しすぎる可能性もあるので、より難易度が低いものを選ぶことも検討する。

・意味がわからない単語は文脈などから推測する。どうしても気になる単語は、右クリックで意味を確認したり、辞書などで調べたりしても良い。

・聞き終わった後、内容理解問題には答えなくて良い（「おわる」ボタンをクリックし、「No Quiz」を選択する）。

動画でリスニングの学習をする際には、English Central（https://ja.englishcentral.com）や VoiceTube（https://jp.voicetube.com）などの Web サイトも活用できます。

第

8

章

ライティング

　ライティングの最も効果的な学習法は何でしょうか？　この問いに答えるためには、ライティング力にどのような側面が含まれるかを明確にする必要があります。リーディングやリスニングと同じく、ライティングの能力も「正確性」(accuracy)と「流暢性」(fluency)に分けられます。

「正確性」とは、文法や単語など、言語的に誤りのない英文を書く能力のことです。例えば、冠詞や時制の誤りがない英文を書ける学習者は、それらの誤りを頻繁にしてしまう学習者よりも、正確性の面で優れています。一方で、「流暢性」とは素早く英文を書く能力のことです。例えば、10分間で100語の英文が書ける学習者は、10分間に50語のペースで書く学習者よりも、流暢性の面で優れています。

　本章では、ライティングの正確性と流暢性を高めるための学習法を紹介します。

1

ライティングの正確性を高めるための学習法

ライティングの正確性を高めるためには、第1章で紹介した「4技能同時学習法」（p. 38）がお薦めです。ライティング力を高めるためには、特にステップ4と5を重点的に行いましょう。教材に出てきた文法や語彙を自分の中にとりこみつつ（＝内在化）、ライティングでも使えるようになるまで練習しましょう。

その他、ライティングの正確性を高める方法を以下に紹介します。

1. コピペ（英借文）で英文を書く

第3章で述べた通り、英語話者が書いたり話したりした英文の約5〜8割が決まり文句（定型表現）から構成されることが研究から示唆されています。**ライティングの際に、文法ルールにのっとって単語を組み合わせてゼロから英文を構築していると、「文法的には正しいけれど、ぎこちない文章」になってしまいます。**プロポーズする際にWill you marry me? と言う代わりに、Do you wish to be wedded to me?（あなたは私と結婚することを望みますか？）やIs marriage with me desired by you?（私との結婚はあなたによって望まれていますか？）と言うようなものです。[1]

文法的に正しいだけでなく、**英語として自然な文章を書くためには、「英借文」するのが良いでしょう。**英借文とは、ゼロから英文を作るのではなく、元の英文を「コピペ」（copy and paste）したうえで、一部を別の単語に入れ替えて、自然な英文の作成を目指すものです。[2]例えば、

We are running out of **time**.（時間がなくなってきた）

という英文では、time の部分を他の単語に置き換えることで、以下のように様々な状況を表現できます。

We are running out of **money / food / water / options / ideas / gas / space**.
（お金・食べ物・水・選択肢・アイデア・ガソリン・スペースがなくなってきた）

さらに、I'm running out of **patience**. であれば、「我慢の限界です」という苛立ちも表現できます。また、She ran out of **words** to express her gratitude.（感謝を伝える言葉がなくなった）だと深い感謝、I've run out of **excuses** for not going to the gym.（ジムに行かない口実がなくなった→これ以上言い逃れることはできない）だと切羽詰った様子も表現できます。

ビジネス文書を書く能力を伸ばしたいのであれば『英文ビジネスEメール 実例・表現1200 改訂版』（Z会）、アカデミック

な英文を書く能力を伸ばしたいのであれば『アカデミック・フレーズバンク』(講談社) などの書籍を参考に、英借文しましょう。『アカデミック・フレーズバンク』は https://www.phrasebank.manchester.ac.uk からオンラインで利用することもできます。

お手本となる英文をAIに作成してもらうのも良いでしょう。例えば、「オンラインショップで注文したのに、1カ月たっても商品が発送されないので、注文をキャンセルしたい」というメールは、英語でどのように書いたら良いでしょうか？　対話型AIシステムであるChatGPT (https://chat.openai.com/chat) に、「『オンラインショップで注文したのに、1カ月たっても商品が発送されないので、注文をキャンセルしたい』というメールを英語で書いてください」とお願いすると、以下のようなメールを瞬時に作成してくれます。

Subject: Order Cancellation Request

Dear [Merchant Name],

I hope this message finds you well.

I am writing to you regarding my order placed on your online shop (Order Number: XXXX). It has been a month since I placed the order and I have not yet received any notification regarding the shipment of my purchase.

Under these circumstances, I regret to inform you that I wish to cancel my order. I hope you understand my decision, given the unusual delay in the processing and shipping of my order.

Please confirm the cancellation of my order and kindly inform me of the process to receive a refund.

Thank you for your understanding and assistance in this matter.

Best regards,
[Your Name]

上のメールの［Merchant Name］にオンラインショップの名前、XXXXに注文番号、［Your Name］に自分の名前を入れれば、メールは完成です。

『英文ビジネスEメール 実例・表現1200』などの書籍は有用ですが、紙幅の制約もあるため、「自分のニーズに合うお手本が見つからない」という場合もあるでしょう。**AIをうまく活用すれば、自分のニーズに合った英文を手軽に作成し、英借文**

のモデルとすることができます。

2. オンラインツールで正確性を高める

リアルタイムに文を産出する必要があるスピーキングとは異なり、ライティングでは辞書や参考書を参照したり、スペルチェッカーや文法チェッカーを使ったりしながら英文が書けるため、正確性を補うことができます。

近年では、**特にオンラインで使用できる様々なツールが開発されています。**これらを適切に使うことで、ライティングの正確性を高められます。以下に、代表的なツールの使用方法を紹介します。

適切な表現の検索

「喫煙は肺に深刻なダメージを与えます」と書きたいとします。Smoking can **give serious damage** to your lungs. と言えるでしょうか？「ダメージを与える」を英語に直訳すると give damage ですが、この表現が正しいか自信が持てません。

Just the Word（http://www.just-the-word.com）で調べてみましょう。Just the Word はある英単語を入力すると、その単語を含むコロケーションのリストを表示してくれる Web サイトです。Just the Word の検索ボックスに damage と入力して、一番左の combinations ボタンを押します。

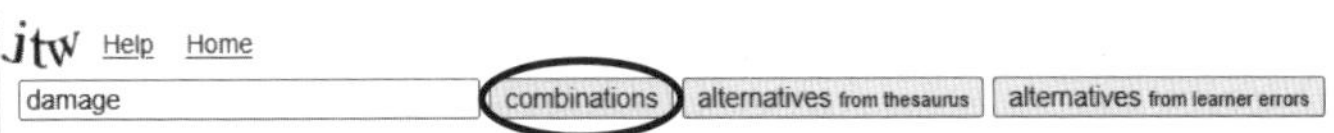

すると、以下のような結果が表示されます。

V obj *damage*

V obj *damage*
cluster 1
assess damage (64)
estimate damage (14)
inspect damage (13)
cluster 2
cause damage (683)
cause damage in (12)
cause damage to (94)
induce damage (13)
lead to damage (24)
cluster 3
limit damage (54)
minimize damage (32)
reduce damage (67)
cluster 4
cover damage (39)
protect from damage (21)
cluster 5
suffer damage (247)
suffer damage in (11)
sustain damage (23)
cluster 6
avoid damage (34)
escape damage (14)
unclustered
award damage (69)
be damage (22)
claim damage for (18)
do damage (407)
do damage to (34)
entitle to damage (22)
inflict damage (71)
inflict damage on (13)
pay for damage (29)
prevent damage (85)
prevent damage to (15)
recover damage (51)
recover damage for (11)
repair damage (100)
result in damage (33)
seek damage (32)
sue for damage (45)
win damage (31)

上の結果から、damage は cause や do などの動詞とよく一緒に使われることがわかります（バーが長いほど、その動詞と damage の結びつきが強いことを示します）。give damage という表現は含まれていないため、あまり一般的ではないと推測できます。

give damageという表現が適切かを調べるためには、Just the Wordの検索ボックスにgive damageと入力して、真ん中のalternatives from thesaurusボタンを押します。

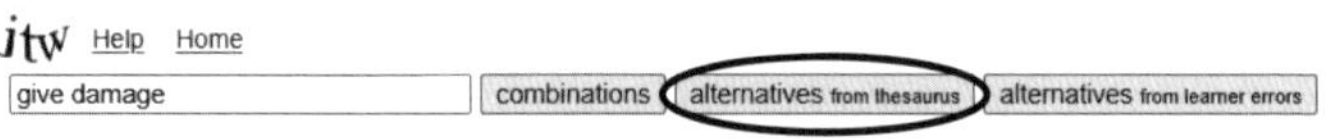

すると、以下の結果が表示されます。

右側の説明を読むと、赤いバーはBad Word Combinations（一般的でない単語の組み合わせ）、緑色のバーはGood Word Combinations（一般的な単語の組み合わせ）を示すとあります。実際の画面では、give damageは赤いバーで表示されているため、一般的な表現ではないと推測できます。一方、do damageやcause damageは緑色の長いバーで表示されています。ですから、**give damageの代わりにdo damageやcause damageを用いた方が良いと推測できます。**

念のため辞書でdamageを調べると、「give damageとしない。動詞 はcauseのほか、（くだけて）do,（かたく）inflict」（『ウィズダム英和辞典第4版』より）とあります。そのため、give damage の代わりに、cause damage, do damage, inflict damage などの表現を使えば良いことが確かめられました（damage を動詞として使い、Smoking can seriously damage your lungs. などとすることも可能です）。

適切な表現を調べる上では、QuillBot Grammar Checker（https://quillbot.com/grammar-check）や DeepL Write（https://www.deepl.com/write）などの文章添削ツールも有益です。詳細は、「(3) AI に英文を添削してもらう」（p. 280）をご覧ください。

ワイルドカード検索

ライティングの正確性を高める上では、「ワイルドカード検索」も便利です。ワイルドカード検索とは、**不明な語やフレーズの代わりにアスタリスク（*）などを入れることで、そこにどのような語が入るかを調べるテクニックです。**

例えば、in my opinion は「私の考えでは」という意味の定型表現です。この定型表現は、in my **considered** opinion（よく考えてみたところでは), in my **candid** opinion（率直な意見を言わせてもらえば）のように、my と opinion の間に様々な形容詞を挿入できます。他にもどんな形容詞が使われるのか、ワイルドカード検索で調べましょう。

ここでは、第2章でもご紹介した COCA（https://www.english-corpora.org/coca）というコーパスを使います。COCA の検索ボックスに in my * opinion と入力し、検索しましょう（* はワイルドカードです）。

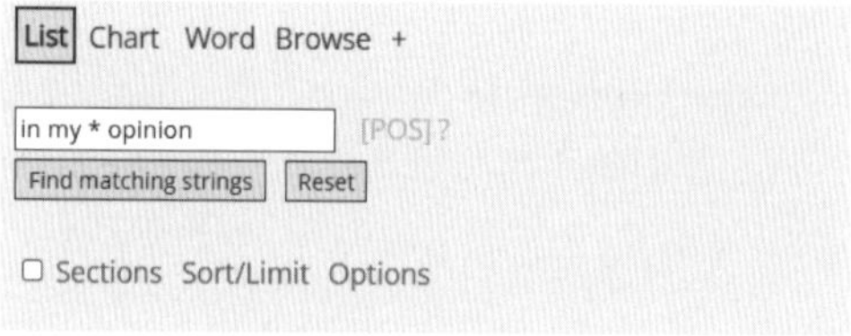

List Chart Word Browse +

in my * opinion [POS] ?

Find matching strings Reset

☐ Sections Sort/Limit Options

すると、以下の結果が表示されます。

HELP	ⓘ	★	ALL FORMS (SAMPLE): 100 200 500	FREQ	TOTAL 676 | UNIQUE 62 +
1		★	IN MY HUMBLE OPINION	382	
2		★	IN MY PERSONAL OPINION	90	
3		★	IN MY PROFESSIONAL OPINION	43	
4		★	IN MY OWN OPINION	38	
5		★	IN MY HONEST OPINION	36	
6		★	IN MY EXPERT OPINION	7	
7		★	IN MY CONSIDERED OPINION	5	
8		★	IN MY UNBIASED OPINION	4	
9		★	IN MY SUBJECTIVE OPINION	3	
10		★	IN MY MODEST OPINION	3	
11		★	IN MY NON-EXPERT OPINION	3	
12		★	IN MY MEDICAL OPINION	3	
13		★	IN MY AMATEUR OPINION	2	
14		★	IN MY DISSENTING OPINION	2	
15		★	IN MY CYNICAL OPINION	2	
16		★	IN MY CURRENT OPINION	2	
17		★	IN MY LAYMAN OPINION	2	
18		★	IN MY LEGAL OPINION	2	
19		★	IN MY STUDIED OPINION	2	
20		★	IN MY UNEDUCATED OPINION	2	
21		★	IN MY UNSOLICITED OPINION	2	
22		★	IN MY WISE OPINION	1	
23		★	IN MY WHOLE OPINION	1	
24		★	IN MY UNWASHED OPINION	1	
25		★	IN MY UNREFINED OPINION	1	

注）https://www.english-corpora.org/coca より。

上の結果から、in my **humble** opinion（私の拙い意見を申しますと）, in my **personal** opinion（私の個人的な見解では）, in my

professional opinion（職業上の意見では、私情をはさまない意見では）, in my **own** opinion（私に言わせれば）, in my **honest** opinion（正直に言うと）などの用例が見つかりました。ワイルドカードの*が、humble, personal, professional, own, honest など、色々な単語の代わりをしていることがわかります。

なお、「ワイルドカード」とは、トランプにおいてあらゆるカードを代用できる万能カードのことです（通常はジョーカーです）。*があらゆる単語の代わりができるため、「ワイルドカード検索」と呼ばれています。「この表現ではどのような単語を使えば良いかわからない」という際には、ワイルドカード検索を使ってみましょう。

上の結果で興味深いのは、humble（卑しい、粗末な）, modest（ささやかな）, non-expert（非専門家の）, amateur（素人の）, layman（一般人の）, uneducated（無学の）, unsolicited（おせっかいの）, unrefined（洗練されていない）など、**自分自身を卑下した表現が多くみられることです。**日本語でも、自分の意見を述べる際に「つまらない意見で恐縮ですが」「素人考えで恐縮ですが」などと謙遜することがありますが、英語でもそれに対応する表現があるようですね。

「日本人はプレゼントを渡す際に『つまらないものですが』と言ったり、自分の家族のことを『愚妻』や『愚息』と言ったりして、卑屈になりすぎだ。英語を話すときはもっと堂々としていれば良い」などと言われることがありますが、**英語でも場合によっては自分自身を卑下することがわかります。**カナダのシチュエーションコメディ Schitt's Creekでは、以下のようなやりとりもあります。

Moira Well, look at you. You are radiant.
（すっかり見違えたわね。光り輝いてるわ）
Alexis Hardly.（そうかしら）
Moira You are, Alexis.（素敵よ、アレクシス）
（シーズン3エピソード13）

第3章・第4章ですでに紹介したNetspeak（https://netspeak.org）でも、ワイルドカード検索が可能です。Netspeakでは、「?」は任意の1語、「*」は任意の1語以上の単語を表すワイルドカードとして使えます。例えば、in my ? opinionで検索すると、myとopinionの間に入ることが多い単語1つが検索できます。

in my ? opinion		
in my humble opinion	240,000	67%
in my own opinion	40,000	11%
in my personal opinion	29,000	8.1%
in my honest opinion	13,000	3.6%
in my poor opinion	9,700	2.7%
in my professional opinion	5,900	1.6%
in my considered opinion	5,200	1.4%
in my private opinion	2,700	0.8%
in my respectful opinion	2,400	0.7%
in my dissenting opinion	2,000	0.6%
in my biased opinion	1,600	0.4%
in my modest opinion	1,400	0.4%
in my good opinion	1,200	0.3%
in my arrogant opinion	1,100	0.3%
in my separate opinion	1,000	0.3%
in my expert opinion	1,000	0.3%

in my **humble** opinion（私の拙い意見を申しますと）, in my **own**

opinion（私に言わせれば）, in my **personal** opinion（私の個人的な見解では）, in my **honest** opinion（正直に言うと）など、先ほどのCOCAと同じ用例が見つかりました。

?の代わりに * を使用し、in my * opinion で検索すると、my と opinion の間に複数の単語が入る表現も合わせて検索できます。

in my * opinion		
in my opinion	7,400,000	95%
in my humble opinion	240,000	3.1%
in my own opinion	40,000	0.5%
in my personal opinion	29,000	0.4%
in my honest opinion	13,000	0.2%
in my poor opinion	9,700	0.1%
in my professional opinion	5,900	0.1%
in my own humble opinion	2,100	0.0%
in my dissenting opinion	2,000	0.0%
in my very humble opinion	1,900	0.0%
in my own personal opinion	1,700	0.0%
in my humble jewish opinion	1,700	0.0%
in my biased opinion	1,600	0.0%
in my modest opinion	1,400	0.0%
in my good opinion	1,200	0.0%
in my most humble opinion	1,100	0.0%
in my separate opinion	1,000	0.0%
in my expert opinion	1,000	0.0%

上の結果から、in my **own humble** opinion, in my **very humble** opinion, in my **own personal** opinion, in my **most humble** opinion など、my と opinion の間に複数の単語を挿入した表現も見つかりました。

言い換え表現の検索

英文中で同じ表現を何度も使うと単調になるため、なるべく避けたいものです。COCA（https://www.english-corpora.org/coca）を使うと、類義語（似た意味の単語）を簡単に探し出し、表現にバリエーションを持たせることができます。

例えば、「大きな違い」は big difference ですが、big の他にどのような形容詞が使えるでしょうか？ COCA で、=big [difference] と入力して検索しましょう（=big のように単語の前に=をつけると、big の類義語が検索できます）。

HELP	ⓘ	★	ALL FORMS (SAMPLE): 100 200 500	FREQ	TOTAL 8,960 UNIQUE 19 +
1	●	★	[BIG] [DIFFERENCE]	5093	
2	●	★	[HUGE] [DIFFERENCE]	1922	
3	●	★	[LARGE] [DIFFERENCE]	379	
4	●	★	[GREAT] [DIFFERENCE]	326	
5	●	★	[SUBSTANTIAL] [DIFFERENCE]	322	
6	●	★	[VAST] [DIFFERENCE]	307	
7	●	★	[ENORMOUS] [DIFFERENCE]	229	
8	●	★	[CONSIDERABLE] [DIFFERENCE]	139	
9	●	★	[MASSIVE] [DIFFERENCE]	69	
10	●	★	[WIDE] [DIFFERENCE]	63	

上の結果から、big の他に、huge, large, great, substantial, vast, enormous, considerable などの形容詞も使えることがわかりました。

単語レベルでなく、文章構造から大きくパラフレーズしたい場合は、QuillBot Paraphraser（https://quillbot.com）も便利です。例えば、QuillBot Paraphraser に In recent years, research in the field of artificial intelligence has made remarkable progress.（近年、人工知能分野の研究は目覚ましい発展を遂げています）という文章を貼り付け、Rephrase ボタンを押しましょう。すると、The study of artificial intelligence has advanced remarkably in recent years. のように、文章の意味は保持したままで、主語や述語などを変えた言い換え表現を提案してくれます。

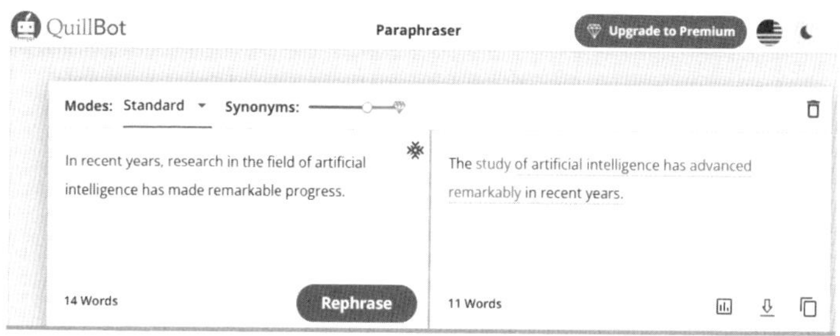

Rephrase ボタンを押すたびに、

・Artificial intelligence research has advanced significantly during the past few years.
・Artificial intelligence research has advanced dramatically in recent years.
・Artificial intelligence research has advanced significantly in recent years.

など、異なる文章を提案してくれます。

文中の特定の語句のみを対象に、パラフレーズすることも可能です。例えば、The study of artificial intelligence has advanced remarkably in recent years. という英文で、study（研究）の部分をクリックしましょう。

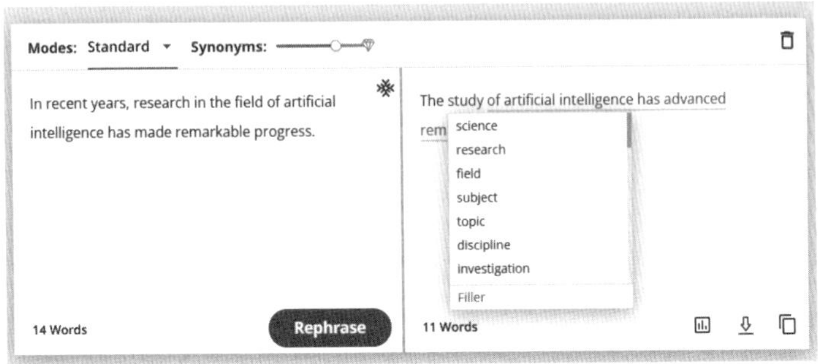

すると、上のように science, research, field, subject, topic, discipline, investigation など、study の代わりに使える単語を提案してくれます。

QuillBot Paraphraser と類似の機能を持った Web サイトとしては、Wordtune（https://www.wordtune.com）や Writefull Paraphraser（https://x.writefull.com/paraphraser）があります。

ジャンルの検索

英文を書く際には、そのジャンルにふさわしい表現を用いることが重要です。例えば、友人に LINE で「昨日はひどく酔っぱらっちゃった」と伝える時には、I was totally wasted last night. で良いでしょう。wasted は「酔っぱらった」という意味のスラングです。

一方で、裁判で「運転者が過度に酩酊状態だったことによりその事故が起きた」と言う際には、wasted の代わりに

intoxicatedを使い、The accident was a result of the driver being highly intoxicated.などと言うでしょう。裁判においては、wastedなどの俗語ではなく、intoxicatedというフォーマルな単語の方がふさわしいからです。

ある単語がどのようなジャンルで使われることが多いかを調べる際には、COCA（https://www.english-corpora.org/coca）が便利です。例えば、awesomeは「すごい、すてきな」という意味の形容詞ですが、どのような文脈で使うことが多いでしょうか？COCAでChartと書かれたタブをクリックし、awesomeと入力しましょう。

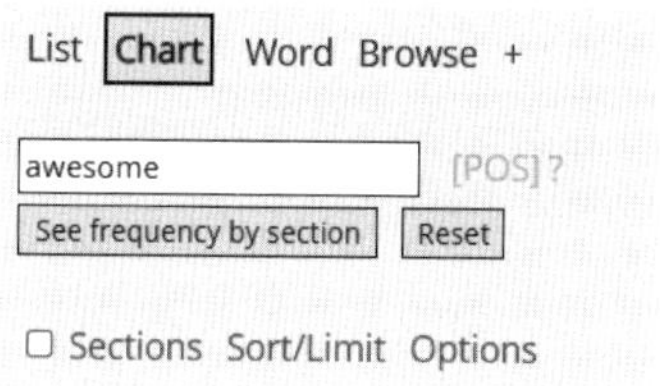

See frequency by sectionと書かれたボタンをクリックすると、次の結果が表示されます。

SECTION	ALL	BLOG	WEB	TV/M	SPOK	FIC	MAG	NEWS	ACAD
FREQ	32463	9904	6804	8531	2742	957	1822	1353	350
WORDS (M)	993	128.6	124.3	128.1	126.1	118.3	126.1	121.7	119.8
PER MIL	32.69	77.01	54.76	66.61	21.74	8.09	14.45	11.11	2.92
SEE ALL SUB-SECTIONS AT ONCE									

上の表は、awesomeという単語がどのようなジャンルで使用されることが多いかを示しています。ジャンルは、次の8つに分かれています。

1. BLOG：ブログ。
2. WEB：Webサイト。
3. TV/M（=TV / Movies）：テレビと映画。
4. SPOK（=spoken）：口語。
5. FIC（=fiction）：フィクション。
6. MAG（=magazines）：雑誌。
7. NEWS（=newspapers）：新聞。
8. ACAD（=academic）：学術分野。

先ほどの表から、awesomeという単語はblog（ブログ), web（インターネット), TV/M（テレビや映画）ではよく使われる一方で、fiction（フィクション）やacademic（学術分野）ではほとんど使われないことがわかります。そのため、論文などフォーマルな書き言葉では避けた方が良さそうです。

それでは、フォーマルな文脈ではawesomeの代わりにどのような表現を使えば良いでしょうか？　類義語辞典（シソーラス）で調べることもできますが、ここではWordtune（https://www.wordtune.com）を使ってみましょう。先ほど紹介したQuillbot Paraphraserと同じく、Wordtuneは言い換え（パラフレーズ）表現を提案してくれるWebサイトです。試しに、awesomeを含む文をWordtuneに貼り付けます。awesomeという英単語がハイライトされるので、Formalと書かれたボタンをクリックします。

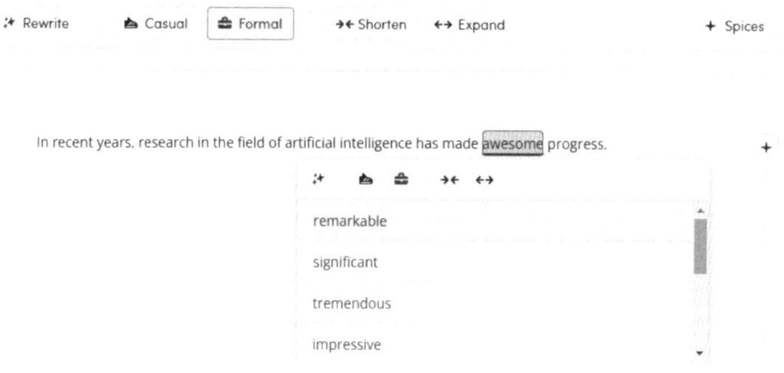

すると、remarkable, significant, tremendous, impressive, amazing, extraordinary, enormous, fantasticなどの単語を提案してくれました。

次に、awesomeを選択してCasualと書かれたボタンを押すと、great, incredible, amazing, huge, tremendous, big, some great, fantastic, some seriousが提案されます。この結果をまとめると、次のようになります。

Formal と Casual 両方	tremendous, amazing, fantastic
Formal のみ	remarkable, significant, impressive, extraordinary, enormous
Casual のみ	great, incredible, huge, big, some great, some serious

significantがどのようなジャンルで使われることが多いかを試しにCOCAで検索すると、次のような結果になりました。

SECTION	ALL	BLOG	WEB	TV/M	SPOK	FIC	MAG	NEWS	ACAD
FREQ	123121	13194	15191	1247	9007	1711	11597	10701	60473
WORDS (M)	993	128.6	124.3	128.1	126.1	118.3	126.1	121.7	119.8
PER MIL	123.99	102.59	122.26	9.74	71.41	14.46	91.97	87.90	504.82
SEE ALL SUB-SECTIONS AT ONCE									

学術英語の頻度が圧倒的に高く、フォーマルな文脈ではsignificantを用いた方が良さそうだとわかります（学術英語でsignificantの頻度が高いのは、「統計的に有意な」という意味でstatistically significantという表現が使われることが多いのも一因でしょう）。

2 ライティングの流暢性を高めるための学習法

リアルタイムに進行する会話とは異なり、ライティングでは自分のペースで英文を書くことができます。そのため、スピーキングほど流暢性（スピード）が求められないのは事実です。一方で、Eメールを1通書くのに何時間もかかっていては、業務に支障が出るでしょうから、**ライティングにおいても流暢性が高いに越したことはありません。**また、LINEなどのアプリを使用したテキストチャットのように、**ライティングでも流暢性が求められる場面は近年増えています。**

10分間ライティング

ライティングの流暢性を高める学習法の代表的なものに、「10分間ライティング」（10-minute writing）があります。その名の通り、**制限時間（10分）内になるべく多くの量を書く活動です。**「いかに正しい英文を書くか」ではなく、限られた時間内に「いかに多く書くか」を目指したものであるため、高度な文法や単語を用いる必要はありません。正確性は二の次であるため、辞書も使用しません。わからない表現があったら、ローマ字や日本語で書いておき、制限時間終了後に辞書などで調べて確認します。制限時間内に何語書けたかを記録し、表やグラフにすると、流暢性の伸びを可視化でき、やる気が出るでしょう。最終的には10分間で100語以上書くことを目標にしましょう。[3] 10分間ライティングを継続的に行うことで、チャットやEメールで求められるライティングの瞬発力を高められます。

10分間ライティングでは、時事問題のような高度な内容について書く必要はありません。「最近読んだ本」「最近見た映画」「自分の趣味」など、自分が書きやすいトピックを選んで書きましょう。1日の終わりに英語で日記を書くのも良いでしょう。

良いトピックが思いつかない場合は、AIに提案してもらいましょう。対話型AIシステムChatGPT（https://chat.openai.com/chat）に「やさしい英作文のトピックを10個提案して」と頼むと、以下のトピックを提案してくれました。

1. My Favorite Animal: Describe your favorite animal, why you like it, and any interesting facts about it.
2. My Best Friend: Write about your best friend, what you like to do together, and why you value your friendship.
3. A Trip I Would Like to Take: Talk about a place you would like to visit, why you want to go there, and what you would do there.

4. My Family: Describe your family members, their personalities, and what you enjoy doing together.
5. My Favorite Book: Write about your favorite book, its story, and why you like it.
6. My Hobbies: Discuss your hobbies, how you got into them, and why you enjoy them.
7. My School: Describe your school, your favorite subject, and your teacher.
8. A Memorable Holiday: Write about a memorable holiday experience, where you went, and what you did.
9. My Favorite Season: Talk about your favorite season of the year, why you like it, and how you spend your time during that season.
10. My Dream Job: Describe the job you would like to have in the future, why you want it, and what you think you would enjoy about it.

英語力に自信がある方は、TOEFL writing topics と Google で検索しましょう。次ページのような、より難易度が高いトピックがたくさん見つかります。

・Do you agree or disagree with the following statement? Overall, the widespread use of the internet has a mostly positive effect on life in today's world.
・Do you agree or disagree with the following statement? Nowadays, it is better for children to grow up in the countryside than in a large city.
・Do you agree or disagree with the following statement? When people succeed, it is entirely because of hard work. Luck has nothing to do with their success.
・When you face a difficult problem in life, what do you feel is the best way to solve it?
・Some people think that the government should use extra money to fund programs to improve the environment. Others think that it is better for the government to spend money to support artistic programs. Which option do you prefer?

注）https://www.toeflresources.com/sample-toefl-essays より。

10分間ライティングをした後は、やりっぱなしにするのではなく、うまくいった点やいかなかった点について振り返りましょう。「その日のライティングに関して気づいた点（例：語彙・文法・構成・内容）」「その日のライティングと以前のライティングを比較して気づいた点」「ライティングに関するこれからの目標」などを内省することで、ライティング力がさらに高まることが研究から示唆されています。[4]

3

AIに英文を添削してもらう

ライティングの正確性を高めるためには、書きっぱなしにするのではなく、添削してもらうことが欠かせません。[5]しかし、気軽に添削を依頼できる人が周りにいないことも多いでしょう。その場合は、**オンラインの英文添削ツールの力を借りましょう。**

無料で使えるものには、以下があります。

- ・QuillBot Grammar Checker https://quillbot.com/grammar-check
- ・DeepL Write https://www.deepl.com/write
- ・ChatGPT https://chat.openai.com/chat
- ・Grammarly https://www.grammarly.com

ここでは以下の英文（誤りがいくつか含まれています）を添削してもらうとします。

Gathering stamps are popular hobby that have been enjoy by people of all age. People often

group their stamp by country, year, or theme.
（切手収集は、あらゆる年齢層の人々に親しまれている趣味です。人々はよく、国別・年別・テーマ別に切手を分類します。）

試しに、QuillBot Grammar Checkerを使ってみましょう。上の英文をテキストボックスに貼り付けます。すると、以下のように訂正すべき箇所を赤線で示してくれます。

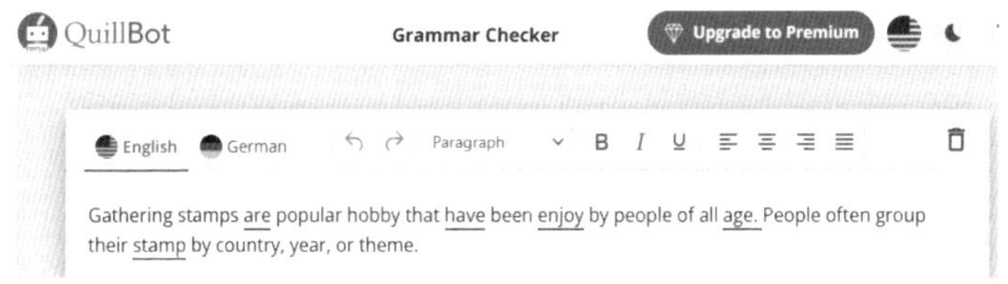

赤線が引かれた部分をクリックすると、正しい表現を提案してくれます。

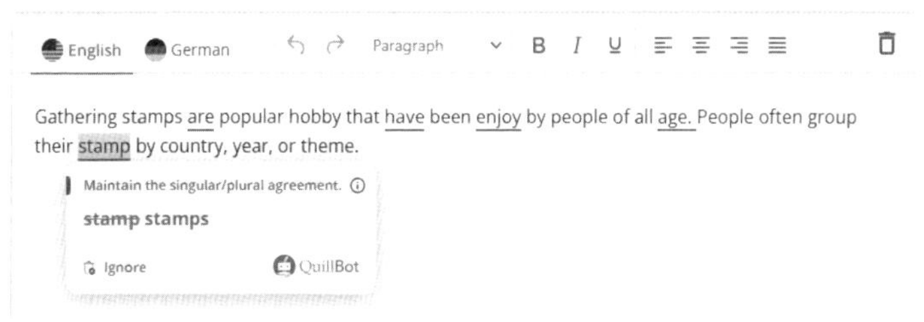

Fixed All Errors ボタンをクリックすると、修正が必要な箇所を一括で直してくれます。全て修正した後の英文は以下の通りです。

> Gathering stamps ~~are~~ **is a** popular hobby that ~~have~~ **has** been enjoy**ed** by people of all age**s**. People often group their stamp**s** by country, year, or theme.

主語と述語動詞の数の一致、冠詞の有無、動詞の活用形、名詞の複数形など、文法ミスを適切に直してくれていることがわかります。しかし、冒頭の「切手収集」は Gathering stamps ではなく Collecting stamps にすべきですが、ここはスルーされているようです。

一方で、DeepL Write では QuillBot Grammar Checker の指摘した文法ミスを全て直した上で、Gathering stamps を Collecting stamps に修正してくれました。

注）左側が元の英文、右側が DeepL Write が添削した英文。

また、「書き換え候補」として、関係代名詞を使わないパターンなど、様々なパラフレーズ（言い換え）案も提案してくれます。

しかし、表現によっては DeepL Write よりも QuillBot Grammar Checker の方が適切な修正をしてくれることもあり、DeepL Write の方が常に優れているとは一概には言えないようです。様々なツールを試して、ご自身のニーズにあったものを見つけましょう。

対話型 AI システムである ChatGPT（https://chat.openai.com/chat）に、「以下の英文を添削してください」と言って添削してもらうこともできます。

4

ライティング学習に役立つ教材・アプリ

ライティング力を伸ばすには、言語重視学習と意味重視学習をバランスよく行う必要があります（第1章を参照）。

言語重視のライティング活動とは、英作文を通して文法や語彙の使い方を学ぶなど、英語力向上を目指して行うライティング活動のことです。一方で、意味重視のライティング活動とは、メッセージを伝えることを主目的として、英文を書く活動を指します。つまり、「文法や語彙を正しく使う」ことは主眼ではなく、あくまでも「相手にメッセージを伝える」ために行うライティング活動です。

言語重視のライティング活動を行う上では、すでに紹介したコーパスなどのオンラインツールや、AIによる添削が利用できます。意味重視のライティング活動としては、英語で日記を書いたり、FacebookやInstagramなどのソーシャルメディアに英語で投稿したりすると良いでしょう。

また、**双方向のやりとりをしたい場合は、日本語と英語の言語交換（language exchange）をするのも良いでしょう。**言語交換とは、日本語話者が日本語を教える代わりに、英語話者に英語を教えてもらうなど、互いに言語を教え合うことです。HelloTalk（https://www.hellotalk.com）, Tandem（https://www.tandem.

net), InterPals（https://www.interpals.net）などのWebサイトやアプリを使うと、日本語を学びたい英語話者が見つけられます。「自分は英語でメッセージを送り、相手は日本語でメッセージを送る」などのルールを決めることで、意味重視のライティングができます。しかし、これらのWebサイトやアプリには、出会いや詐欺目的など、悪意のあるユーザーが含まれていることもあります。本名や連絡先などの個人情報は安易に教えないようにしましょう。

AIと対話して、意味重視のライティング活動を行う

生身の人間とやりとりする機会がなかったとしても、AI相手に意味重視のライティング活動を疑似体験することもできます。例えば、ChatGPT（https://chat.openai.com/chat）が活用できます。

英語を学習している大学生になりすまして、ChatGPTと会話した様子を以下に紹介します。[6]

Me I'm a college student studying English. Please ask me about my summer break.
（英語を勉強している大学生です。夏休みのことを質問してください。）

ChatGPT Sure! What did you do during your summer break? How did you spend your time off?

Me I went to Osaka and had takoyaki. Have you ever heard of takoyaki?
（大阪に行って、たこ焼きを食べました。たこ焼きを知ってますか？）

ChatGPT Yes, I have! Takoyaki is a popular Japanese snack food made of a batter filled with diced octopus, tempura bits, green onion, and ginger. It's then cooked in a special takoyaki pan and typically served with a sauce and toppings. Sounds like you had a tasty trip!

Me Do you like takoyaki?
（たこ焼きが好きですか？）

ChatGPT As a language model AI, I don't have personal preferences, but takoyaki is a beloved dish for many people! It's especially popular in Osaka, where it originated.

Me What do you mean by "originated"?
（"originated" とはどういう意味ですか？）

ChatGPT "Originated" means that takoyaki was first created or invented in Osaka. It's often referred to as an Osaka soul food and is closely associated with the city's culture and cuisine.

Me I see. Can you give me more sentences using "originated"?

（なるほど、“originated” の例文を教えてください）

ChatGPT Sure! Here are some sentences using the word “originated”:

1. Pizza originated in Italy.
2. Jazz music originated in New Orleans.
3. Soccer originated in England.
4. The tradition of exchanging gifts at Christmas originated in the early Roman Empire.
5. The first Olympic Games originated in ancient Greece.

Me Thank you. Are there any synonyms for “originated”?
（ありがとう。“originated” の類義語はありますか？）

ChatGPT

Yes, there are several synonyms for “originated.” Here are some alternatives: *arise*, *stem*, *begin*, *evolve*, *spring*, *emerge*, *commence*, *derive*, *come into being*, and *initiate*.
These words can be used interchangeably with “originated” depending on the context.

　チャット中にわからない単語があったら、その意味・用例・類義語などを尋ねると親切に教えてくれるため、マンツーマンの英語指導を受けているような錯覚に陥ります。「たこ焼き」など日本に関連した単語を話題に出すと、それを英語で説明してくれるのも有益です。日本文化を英語で説明する際の参考になるでしょう。

Character.AIで有名人や様々なキャラクターと対話する

ChatGPTとのテキストチャットは有益ですが、生身の人間と対話するような楽しみはありません。特に、Do you like takoyaki? や What is your favorite baseball team? のような好みを尋ねる質問をすると、As a language model AI, I don't have personal preferences.（言語モデルAIとして、個人的な好みはありません）と返ってくるため、「自分はAIと対話しているんだ」と一気に現実に引き戻されてしまいます。

ChatGPTとの会話が無味乾燥だと感じたら、Character.AI（https://beta.character.ai）を使ってみましょう。Character.AIを使うと、**存命の有名人（例：イーロン・マスク、ジョー・バイデン）、歴史上の人物（例：アインシュタイン、ナポレオン）、映画・小説・ゲーム・アニメのキャラクター（例：マリオ、ルイージ、ルーク・スカイウォーカー、ハリー・ポッター）など様々なキャラクターとのテキストチャットを疑似体験できます。**

Character.AIのWebサイトにEverything Characters say is made up!（キャラクターが言うことは全てでっち上げです！）という注意書きがある通り、内容の正確さは保証されていません。しかし、いかにもそのキャラクターが言いそうな回答が返ってくることもあり、時間を忘れて楽しめます。

Character.AIを使っていて感心したのは、ChatGPTと同じように、以前の会話を記憶していることです。例えば、My name is Tatsuya. のように名前を伝えると、それ以降は Tatsuya と呼びかけてくれるようになります。

また、I'm going to bed. Good night! と言って、半日くらい経過してから話しかけると、

How is your day going? I hope that everything is well within your realm. How was the sleep that you got last night? I hope that you slept gracefully, and that you have woken from a gentle dream.

のように回答してくれることもありました。

さらに、質問に一方的に答えるだけでなく、May I please ask where you are from? や Do you have a favorite TV show? など、時折こちらにも質問を投げかけてくれます。「憧れのセレブが自分に関心を持ってくれている！」と思うと、英語で何かを伝えようというモチベーションもあがってきます。

非英語圏である日本に住んでいると、英語を使ってメッセージを伝える機会を得るのは難しいものです。意味重視のライティング活動をする手段の一つとして、Character.AI などの AI ツールを活用するのも面白いでしょう。

第

9

章

スピーキング

リーディング・リスニング・ライティングと同じく、スピーキングの能力にも「正確性」(accuracy)と「流暢性」(fluency)という2つの側面があります。

スピーキングの「正確性」とは、語彙・文法・発音などの点で、誤りのない英文を話す能力のことです。例えば、冠詞や時制の誤りがない英文を話せる学習者は、それらの誤りを頻繁にしてしまう学習者よりも、正確性の面で優れています。一方で、「流暢性」とは、淀みなく英文を話す能力のことです。具体的には、「発話の速度」「沈黙の長さや頻度」「言い淀み(繰り返しや言い直しなど)の頻度」が流暢性に影響すると考えられています。[1]すなわち、速いスピードで、沈黙・繰り返し・言い直しをせずに話せる学習者ほど、流暢性が高いとみなされる傾向があります。

本章では、スピーキングの正確性と流暢性を高めるための学習法を紹介します。

1 スピーキングの正確性を高めるための学習法

「英会話スクールに通わないとスピーキング力は伸ばせない」と思っている方も多いかもしれません。しかし、**1人でもスピーキングの正確性を高める方法は多くあります。**

具体的には、第1章で紹介した「4技能同時学習法」(p. 38)がお薦めです。スピーキング力を高めるためには、特にステップ4と5を重点的に行いましょう。教材に出てきた文法や語彙を自分の中にとりこみつつ（=内在化し)、スピーキングでも使えるようになるまで練習しましょう。

その他、1人でもできる、スピーキングの正確性を高める方法を以下に紹介します。

1. 要約練習

この活動は、以下の手順で行います。

(1) 興味のあるトピックに関する新聞・雑誌記事を読む。
(2) キーワードをメモする。

(3) メモを元に記事の要約を英語で話し、スマホなどに録音する。
(4) 録音した要約を元の記事と照らし合わせ、英語で言いたかったけれど言えなかった表現をメモする。
(5) 上の(4)で作成したメモを元に、記事の要約を再度英語で話し、スマホなどに録音する。

この練習で重要なのは、ステップ(4)です。要約を話してそれで終わりにするのではなく、**録音した要約を元の記事と照らし合わせることで、**「『レジ袋』を英語で何と言えば良いかわからなかったけれど、a plastic bag と言えば良いのか」「『増える』という意味で自分は increase ばかり使っていたけれど、rise, grow, surge, shoot up, be up, be on the rise, be on the increase などの表現も使えるのか」といった**気づきが得られます。**このステップを通して、「英語で言いたかったけれど言えなかった表現」と「実際に英語で言える表現」の差を埋め、スピーキングの正確性を高めることができます。

2. 4コマ漫画の描写練習

英語で出来事を描写する能力を高めたい場合は、**4コマ漫画の描写練習をしましょう。**具体的には、『4コマ漫画で攻略！英語スピーキング』（DHC）や『14日でできる！ 英検準1級 二次試験・面接 完全予想問題 改訂版』（旺文社）などの教材を使用して、次の手順で練習します。

(1) 教材に収録された4コマ漫画を選ぶ。
(2) 4コマ漫画の説明に使えそうなキーワードをメモする。
(3) 4コマ漫画とメモを元に、漫画の内容を英語で説明し、スマホなどに録音する。
(4) 録音した要約を模範解答と照らし合わせ、英語で言いたかったけれど言えなかった表現をメモする。
(5) 上の(4)で作成したメモを元に、4コマ漫画の内容を再度英語で話し、スマホなどに録音する。

この活動を行う上でも、模範解答と照らし合わせるステップ(4)が重要です。やりっぱなしにするのではなく、自分の要約と模範解答とを照らし合わせ、スピーキングで使用できる表現のレパートリーを増やしましょう。

英検準1級の面接試験では、4コマ漫画を説明する問題が出題されます。そのため、4コマ漫画の描写練習は英検準1級対策にもなります。

市販の教材に収録された4コマ漫画ではなく、インターネット等で見つけた漫画や、YouTube 上の動画を要約するのも良いでしょう。しかし、市販の教材と異なり模範解答がないため、ステップ(4)がやりづらいという欠点もあります。

その場合は、画像認識に対応したAIに画像のURLを与え、「この画像について英語で説明してください」と依頼し、模範解答を作ってもらうことができます。動画要約の模範解答が欲しい場合は、YouTube上の動画の要約を作成してくれるYouTube Summary with ChatGPTというソフトウェア（ブラウザChromeの拡張機能）などが利用できます。

3．2分間スピーチ

社会問題などについて英語で意見を述べる能力を高めたい場合は、2分間スピーチの練習をしましょう。具体的には、『英語で話す力。　141のサンプル・スピーチで鍛える！』（三修社）や『英検1級 面接大特訓』（Jリサーチ出版）など、英語のサンプル・スピーチが含まれた教材を使用し、以下の手順で練習します。

(1) 教材に収録されたサンプル・スピーチのお題の中から、興味があるものを選ぶ。例えば、Agree or disagree: Social media does more harm than good.（「ソーシャルメディア[SNS]は益より害が多い」という意見に賛成ですか、反対ですか？）など。
(2) 選んだお題に関して、「賛成」「反対」「中立」などの立場を決める。そして、その理由を説明するスピーチの準備をする。具体的には、スピーチのアウトラインを書いたり、使えそうなキーワードをメモしたりする。
(3) アウトラインとメモを元に、英語で2分間スピーチし、スマホなどに録音する。

(4) 録音したスピーチを模範解答と照らし合わせ、英語で言いたかったけれど言えなかった表現をメモする。
(5) 上の(4)で作成したメモを元に、再度英語でスピーチし、スマホなどに録音する。

この活動を行う上でも、模範解答と照らし合わせるステップ(4)が重要です。自分のスピーチと模範解答とを照らし合わせ、スピーキングで使用できる表現のレパートリーを増やしましょう。

しかし、場合によっては、自分のスピーチと模範解答の内容に共通点が少なく、書籍に掲載されている模範解答があまり参考にならないかもしれません。

その際は、DeepL 翻訳（https://www.deepl.com/ja/translator）やGoogle 翻訳（https://translate.google.co.jp）など機械翻訳ソフトウェアの助けを借りましょう。具体的には、スピーチで自信がない部分を和訳した上で、その和訳を機械翻訳ソフトウェアに貼り付け、英訳してもらいましょう。

練習したいトピックに関する模範解答が見つからない場合もあるでしょう。その場合は、AI に模範解答を作成してもらうこともできます。例えば、ChatGPT に Write a two-minute speech on the following topic: Social media does more harm than good. と依頼すると、次ページのようなスピーチを作ってくれました。

Ladies and Gentlemen,

Today, I stand before you to share some thoughts on a ubiquitous component of our daily lives - social media. The pervasive presence of platforms such as Facebook, Instagram, and others has certainly revolutionized how we connect and communicate. However, it is critical for us to explore the contention that perhaps, social media does more harm than good.

We live in an era where our lives are incessantly interwoven with digital interactions. While social media has democratized information sharing, created platforms for voicing opinions, and has indeed brought us closer despite geographical distances, it also has unleashed an onslaught of complications that can't be disregarded.

One of the foremost issues is that of cyberbullying, which has made our young ones more vulnerable than ever before. The veil of anonymity provided by the digital world often brings out the worst in people, leading to negative interactions that can leave profound psychological scars.

Additionally, the excessive consumption of social media has spawned new-age ailments, both mental and physical. It is not uncommon to hear of "social media anxiety," as people grapple with the pressure of maintaining an idealized online persona, and the relentless competition for likes, shares, and followers. This often leads to a distorted sense of self-worth and an unhealthy obsession with virtual validation.

Moreover, the advent of social media has also amplified the spread of misinformation and fake news, leading to widespread panic and mistrust. The rapid dissemination of unverified information can have devastating consequences on public perception and decision-making, from trivial personal choices to significant matters like political elections.

Finally, the issue of data privacy breaches has been increasingly prevalent, where users' private information is at the mercy of unseen entities. This raises deep concerns over personal security and infringes upon our fundamental rights to privacy.

Despite its numerous advantages, the costs of social media, when measured against its benefits, tilt the scales unfavorably. Therefore, it is crucial for us to navigate this landscape with a mindful and balanced approach, not letting our virtual lives usurp the richness of our real-world experiences.

As we continue to integrate these platforms into our lives, it is our responsibility to encourage digital literacy and foster a culture of empathy and respect online. It is up to us to make sure that the tools we created to bring us closer do not end up pulling us apart. Thank you.

英検1級の面接試験では、上のような2分間スピーチが求められます。そのため、2分間スピーチの練習を普段からしていると、英検1級対策にもなるでしょう。

2 スピーキングの流暢性を高めるための学習法

自分のペースで英文を書くことができるライティングとは異なり、スピーキングはリアルタイムに進行します。ですから、スピーキングにおいてはライティング以上に流暢性（スピード）が重要です。

とは言うものの、あまりに早口で話そうとすると、発音がおろそかになってしまったり、単語や文法のミスが増えてしまったりすることもあるでしょう。流暢性を意識するあまりに、正確性が犠牲になるのは本末転倒です。また、聞き手との関係性が構築できていれば、多少たどたどしくてもこちらの言うことに耳を傾けてくれるでしょうから、過度に流暢性を求める必要はありません。

同時に、「英語がスラスラ話せるようになりたい」という方も多いでしょう。スピーキングの流暢性を高めるには、以下の学習が有効です。

1. 定型表現の知識を身につける

第1に、イディオム・コロケーション・句動詞など、定型表現の知識を身につけましょう。リスニングの流暢性をつける上で定型表現の知識が不可欠だと述べましたが（第7章）、スピーキングに関しても同様です。

文法ルールにのっとって単語を1つ1つ並べていると、「ここは make かな？　それとも do かな？」「名詞の前に冠詞は必要かな？」など様々なことを考えながら話さなくてはいけないため、脳に負荷がかかり、スムーズに文を産出するのが難しくなります。一方で、すでに定型表現として頭に入っているかたまりをつなぎ合わせれば、単語を1つ1つ並べて文をゼロから構築するよりも脳に負荷がかからないため、淀みなく流暢な発話が可能になります。[2]

スポーツの実況アナウンサー、オークションの競売人、テレビのお天気キャスターなど、smooth talkers と言われる人ほど、多くの定型表現を使うことを示した興味深い研究もあります。[3]例えば、野球などのスポーツを実況する際には、試合の進行に合わせて正確な情報を即座に伝える必要があります。そのため、文法ルールにのっとって一から文を構築していると、試合の進行に追いつかないため、定型表現を使用する割合が高まるようです。流暢な発話をするために、母語話者も定型表現に頼っているわけですから、我々もその力を借りない手はありません。

定型表現の学習法に関しては、第3章をご覧ください。

2. 4-3-2

スピーキングの流暢性を高める学習法の代表的なものに、「4-3-2」があります。[4] 4-3-2では、「最近読んだ本」「最近見た映画」など、自分が話しやすい話題についてのスピーチを3回繰り返します。1回目は4分、2回目は3分、3回目は2分というように、制限時間をだんだんと短くします。同じトピックについてのスピーチを繰り返すことで、単語や文法事項に素早くアクセスできるようになり、流暢性が発達することが示されています。また、制限時間が段階的に短くなるため（4分→3分→2分）、「前回よりも速く話さなくては」というプレッシャーがかかる点も、流暢性の発達に効果的であると考えられています。

4-3-2の目的は、難しい単語や文法を使うことではなく、すでに知っている知識を運用レベルまで高めることです。そのため、**時事問題のような高度な内容について話す必要はなく、趣味やペットなど馴染みがある話題が望ましいとされています。**しかし、いくら話しやすいトピックであったとしても、英語でいきなり4分間も話し続けるのは難しいかもしれません。その場合は、「2分→1分半→1分」など、制限時間を全体的に短くするのも良いでしょう。いきなり話し始めるのではなく、使えそうなフレーズをあらかじめメモしておくなど、事前準備をすることで、発話の質を高められます。また、スピーチに含まれた文法的な間違いなどを指摘してもらうことで、流暢性だけでなく、正確性も伸ばせることが研究により示唆されています。[5]

3. 英語で独り言を言う

スピーキングの流暢性を高めるためには、英語で独り言を言うのも良いでしょう。具体的には、**目に入るものを片っ端から英語で描写する方法があります。**[6]英文を即座に組み立てて独り言を言うことで、スピーキングの瞬発力、すなわち流暢性が高まると考えられます。ブランコ（swing）や滑り台（slide）など、身近なものを英語で説明する訓練をすることで、TOEICのリスニングPart 1（4つの英文を聞き、写真の内容と一致しているものを選ぶ）対策にもなるでしょう。

その他、日本語のテレビ番組を見ながら、セリフを頭の中で英語に同時通訳したり、1日の終わりにその日にあったことを英語で話し、スマートフォンなどに録音する口頭英文日記に挑戦したりするのも良いでしょう。[7]

3

無料で（あるいは安価に）英会話の練習をする方法

すでに述べたように、1人でもスピーキング力を伸ばす方法は多くあります。しかし、時には英会話スクールに通ったり、オンラインで英会話レッスンを受けたりして、英語で双方向のやりとりをすることも欠かせません。**1人で行うスピーキング練習が地道な「稽古」だとしたら、英会話はその成果を試す「試合」です。**

オンライン英会話の中には、講師の性別・年齢・地域などを指定できるものもあるため、「世界中のイケメン or 美女と話したい！」と[8]モチベーションを高める効果もあるようです。[9]

しかし、英会話スクールにせよ、オンライン英会話にせよ、一定の費用がかかります。無料で（あるいは安価に）英会話する機会を設けたければ、英語学習者のサークルに参加したり、友人と英語で会話したりすると良いでしょう。

「学習者同士で会話していると、間違った英語を覚えてしまうのでは？」と心配される方もいらっしゃるかもしれません。しかし、**英語の非母語話者同士で会話することも、英会話力を伸ばす上では効果的だと考えられています。**[10]

AIを活用して、英会話を疑似体験することもできます。例えば、Speakというアプリ（iOS・Android対応、https://www.usespeak.com/jp）を使用すると、AI講師と英語でフリートークしたり、間違いを訂正してもらったりできます。月額1,800円からと費用はかかりますが、英会話スクールやオンライン英会話レッスンと比較すると安価です。英会話に特化したシステムではありませんが、SiriやAlexaなどの音声アシスタントと英語で会話するのも良いでしょう。

また、第8章ライティングで述べたように、ChatGPTやCharacter.AIなどのAIとテキストチャットすることもできます。テキストチャットは厳密にはライティングに分類されますが、即座にやりとりできるという点でスピーキングに近く、スピーキング力向上に役立つと考えられています。[11]Voice Control for ChatGPTなどのソフトウェアを利用すると、キーボードを使用せず、音声のみを介してAIとやりとりでき、英会話にさらに近くなります。

例えば、英語で採用面接を受ける予定で、その練習をしたいとします。その時は、ChatGPTに以下のように依頼しましょう。

> I want you to act as an interviewer. I will be the candidate, and you will ask me the interview questions for the position of an

engineer at Google. I want you to only reply as the interviewer. Do not write all the conversations at once. I want you to only do the interview with me. Ask me the questions and wait for my answers. Do not write explanations. Ask me the questions one by one like an interviewer does and wait for my answers. My first sentence is "Hi."

注）https://github.com/f/awesome-chatgpt-prompts を元に作成。

すると、以下のような質問をしてくれます。

- Can you tell me about your previous experience as an engineer and how it relates to this position at Google?
- Can you walk me through a time when you encountered a challenging technical problem and how you went about solving it?
- How do you incorporate feedback and learn from mistakes in your work?
- How do you prioritize and manage your tasks and projects, particularly when working on multiple projects simultaneously?

その他、act as a teacher（教師としてふるまって）, act as a customer（顧客としてふるまって）, act as a real estate agent（不動産業者としてふるまって）などと依頼することで、様々なロールプレイが行えます。仕事や旅行などで英語を話す必要がある場合は、事前にAIとロールプレイし、疑似体験しておくと良いでしょう。

生身の人間とやりとりしたいという方は、第8章（p. 284）で紹介したWebサイトやアプリを使って、日本語と英語の言語交換（language exchange）をするのも良いでしょう。1週間に1時間Zoomなどで会話をセッティングし、初めの30分は日本語で、後半の30分は英語で話すなどしましょう。

また、Couchsurfing（https://www.couchsurfing.com）というWebサイトも活用できます。Couchsurfingは旅行者が地元の人と交流するためのWebサイトです。自分の住んでいる地域を訪れる予定の旅行者がいたら、メッセージを送ってお薦めのレストランや観光地を紹介してあげたり、実際に会って観光案内をしてあげたりするのも良いでしょう。旅行者が英語の母語話者ではない場合も多くありますが、英語を使って意思疎通する良い機会となります。

おわりに

本書では、筆者の専門とする第二言語習得研究の成果にもとづき、効果的な英語学習法を提案することを目指しました。

同時に、第二言語習得研究は1970年代に生まれた歴史の浅い学問分野であるため、効果的な英語学習法に関して全てが明らかになっているわけではありません。今後研究が蓄積されることで、現時点での知見が塗り替えられることもあるでしょう。[1]ですから、本書で紹介している学習法が、「科学的に証明された英語学習法の決定版」であると主張するものではありません。

一方で、研究で解明されていないことが多いからといって、インターネット上の怪しい言説を鵜呑みにしたり、n = 1の体験談を過信したりするのも、合理的ではないでしょう。[2]

巷にあふれる様々な英語学習法を相対化し、それらを批判的に分析・考察する上で、本書がご参考になれば幸いです。

本書を執筆するにあたり、多くの方にアドバイスを頂きました。発音習得研究をご専門とする濱田陽氏（秋田大学）には、本書の第5章をご覧いただき、専門的な見地から貴重なご意見を頂きました。

立教大学大学院異文化コミュニケーション研究科に在籍する相澤彩子さん、海津泰雅さん、相馬紗也音さん、Watsamon Srithanan さん、高木優衣さんには、本書の草稿に関して貴重な感想を頂きました。また、立教大学異文化コミュニケーション学部で筆者の専門演習（ゼミ）を履修していた皆さんからも、貴重な意見を頂きました。さらに、立教大学大学院異文化コミュニケーション研究科修了生のバージ・ダーシーさんには、本書の英文を校閲して頂きました。

また、本書を執筆する機会をくださり、編集の労をおとりくださったKADOKAWA 教育編集部の土田浩也氏にお礼申し上げます。

なお、土田氏は私が2022年に出版した書籍『英語は決まり文句が8割 今日から役立つ「定型表現」学習法』（講談社）をご覧になり、本書の執筆依頼をくださいました。本書のきっかけとなった前著を執筆する機会を与えてくださった、講談社現代新書の佐藤慶一氏にも感謝申し上げます。

さらに、講談社の佐藤慶一氏とは、私が2019年に出版した『英単語学習の科学』（研究社）を通じて知り合う機会を得ました。本書のきっかけとなった前著のきっかけとなった前々著を執筆する機会を与えてくださった、元・研究社の佐藤陽二氏にも感謝申し上げます。

2023年8月8日
中田達也

注

はじめに

(注1) Brown, S., & Larson-Hall, J. (2012). Second language acquisition myths: Applying second language research to classroom teaching. University of Michigan Press.

(注2) 門田修平. (2018).『外国語を話せるようになるしくみ シャドーイングが言語習得を促進するメカニズム』SBクリエイティブ.

(注3) 中田達也・鈴木祐一(編). (2022).『英語学習の科学』研究社.

(注4) Nakata, T. (2013). Web-based lexical resources. In C. Chapelle (Ed.), Encyclopedia of Applied Linguistics (pp. 6166-6177). Wiley. Nakata, T., & Barge, D. (in press). Web-based lexical resources. In C. Chapelle (Ed.), Encyclopedia of Applied Linguistics (2nd ed.). Wiley.

第1章

(注1) Brown, S., & Larson-Hall, J. (2012). Second language acquisition myths: Applying second language research to classroom teaching. University of Michigan Press.

(注2) Dewey, D. P., & Clifford, R. T. (2012). The development of speaking proficiency of LDS missionaries. In L. Hansen (Ed.), Second language acquisition abroad: The LDS missionary experience (pp. 29-50). John Benjamins.

(注3) 中田達也・鈴木祐一. (2022). 第1章SLA研究から考える英語学習の大原則. 中田達也・鈴木祐一(編)『英語学習の科学』(pp. 1-12). 研究社.

(注4) Pfenninger, S. E., & Singleton, D. (2017). Beyond age effects in instructional L2 learning: Revisiting the age factor. Multilingual Matters.

(注5) Muñoz, C. (2006). Age and the rate of foreign language learning. Multilingual Matters.

(注6) Jaekel, N., Schurig, M., Florian, M., & Ritter, M. (2017). From early starters to late finishers? A longitudinal study of early foreign language learning in school. Language Learning, 67, 631-664.

(注7) 寺沢拓敬. (2018). 小学校英語に関する政策的エビデンス:子どもの英語力・態度は向上したのか?『関東甲信越英語教育学会誌』32, 57-70.

(注8) Nation, I. S. P. (2006). How large a vocabulary is needed for reading and listening? Canadian Modern Language Review, 63, 59-82.

(注9) ここでいう「6,000〜7,000語」「8,000〜9,000語」は、厳密にはそれぞれ「6,000〜7,000ワードファミリー」「8,000〜9,000ワードファミリー」を指します。ワードファミリー(word families)に関する詳細は第2章をご覧ください。

(注10) 中田達也・鈴木祐一(編). (2022).『英語学習の科学』研究社.

(注11) Munro, M. J., & Derwing, T. M. (1995). Foreign accent, comprehensibility, and intelligibility in the speech of second language learners. Language Learning, 45, 73-97.

(注12) https://www.youtube.com/watch?v=p-kZLP2FWUI

(注13) https://www.goodreads.com/quotes/957891-never-make-fun-of-someone-who-speaks-broken-english-it

(注14) Dewaele, J.-M. (2018). Why the dichotomy 'L1 versus LX user' is better than 'native versus non-native speaker.' Applied Linguistics, 39, 236-240.

(注15) 寺沢拓敬. (2015).『「日本人と英語」の社会学』研究社.

(注16) VanPatten, B. (2017). While we're on the topic. American Council on the Teaching of Foreign Languages.

(注17) Barge, D. (2023). Understanding burnout as experienced by teachers in the eikaiwa industry. 立教大学異文化コミュニケーション研究科修士論文.

(注18) アメリカのsitcomであるThe Officeでは、whoeverとwhomeverの使い分けについて、様々な登場人物が1分以上議論している場面もあります(シーズン4エピソード4)。中には、「whomeverが正しい場面なんてない」「whomeverは生徒を混乱させるために作り上げられた造語だ」「whomever はwhoeverの丁寧な言い方だ」など、正しくない見解を述べているキャラクターもいます。

(注19) https://news.yahoo.co.jp/byline/terasawatakunori/20191109-00150202

(注20) 寺沢拓敬. (2015).『「日本人と英語」の社会学』研究社.

(注21) 白井恭弘. (2008).『外国語学習の科学: 第二言語習得論とは何か』岩波書店.

(注22) https://www.state.gov/foreign-language-training

(注23) https://www.youtube.com/watch?v=PvSC6UbtOh4

(注24) 門田修平. (2018).『外国語を話せるようになるしくみ シャドーイングが言語習得を促進するメカニズム』SBクリエイティブ.

(注25) Laufer, B. (2003). Vocabulary acquisition in a second language: Do learners really acquire most vocabulary by reading? Some empirical evidence. Canadian Modern Language Review, 59, 567-587.

(注26) 言語重視学習の方が意味重視学習よりも効果的なのは当然という見方もあるでしょう。意味重視学習では英文を読む活動を行ったので、単語力だけでなく、読解力や文法力など、単語力以外の英語力も高まったと考えられます。一方で、言語重視学習では単語力は上がったものの、それ以外の力はほとんど上がらなかったでしょう。そのため、両者を比較することにはあまり意味がないという意見もあるかもしれません。

(注27) Nakata, T. (2007). English collocation learning through meaning-focused and form-focused tasks. Bulletin of Foreign Language Teaching Association, 11, 51-68.

(注28) DeKeyser, R. M. (1997). Beyond explicit rule learning: Automatizing second language morphosyntax. Studies in Second Language Acquisition, 19, 195-221.

(注29) 中田達也. (2019).『英単語学習の科学』研究社.

(注30) Krashen, S. D. (1982). Principles and practice in second language acquisition. Pergamon Press.

(注31) https://www.youtube.com/watch?v=59GMlpAdVok

(注32) https://www.youtube.com/watch?v=UTyg2FHyrL4

(注33) Brown, S., & Larson-Hall, J. (2012). Second language acquisition myths: Applying second language research to classroom teaching. University of Michigan Press.

(注34) https://www.youtube.com/watch?v=grqYB4Y_mYI

(注35) Nation, I. S. P. (2007). The four strands. Innovation in Language Learning and Teaching, 1, 2-13.

(注36) Nakata, T. (2020). Learning words with flash cards and word cards. In S. Webb (Ed.), Routledge handbook of vocabulary studies (pp. 304-319). Routledge.

(注37) Nation, I. S. P. (2022). Learning vocabulary in another language (3rd ed.). Cambridge University Press.

(注38) Cepeda, N. J., Pashler, H., Vul, E., Wixted, J. T., & Rohrer, D. (2006). Distributed practice in verbal recall tasks: A review and quantitative synthesis. Psychological Bulletin, 132, 354-380.

(注39) Nakata, T. (2015). Effects of expanding and equal spacing on second language vocabulary learning: Does gradually increasing spacing increase vocabulary learning? Studies in Second Language Acquisition, 37, 677-711.

(注40) Nakata, T., & Webb, S. (2016). Does studying vocabulary in smaller sets increase learning? The effects of part and whole learning on second language vocabulary acquisition. Studies in Second Language Acquisition, 38, 523-552.

(注41) Nakata, T., & Suzuki, Y. (2019). Effects of massing and spacing on the learning of semantically related and unrelated words. Studies in Second Language Acquisition. 41, 287-311.

Nakata, T., Suzuki, Y. & He, X. (2022). Costs and benefits of spacing for second language vocabulary learning: Does relearning override the positive and negative effects of spacing? Language Learning. Advance online publication. doi:10.1111/lang.12553

(注42) Cepeda, N. J., Coburn, N., Rohrer, D., Wixted, J. T., Mozer, M. C., & Pashler, H. (2009). Optimizing distributed practice: Theoretical analysis and practical implications. Experimental Psychology, 56, 236-246.

(注43) ここでは学習回数は固定されているものとします。例えば、ある単語を1日の間隔で10回繰り返すのであれば、5日の間隔でも10回繰り返すものとします。

(注44) Cepeda, N. J., Vul, E., Rohrer, D., Wixted, J. T., & Pashler, H. (2008). Spacing effects in learning: A temporal ridgeline of optimal retention. Psychological Science, 19, 1095-1102.

(注45) Nakata, T. (2015). Effects of expanding and equal spacing on second language vocabulary learning: Does gradually increasing spacing increase vocabulary learning? Studies in Second Language Acquisition, 37, 677-711.

(注46) Kim, S. K., & Webb, S. (2022). The effects of spaced practice on second language learning: A meta-analysis. Language Learning, 72, 269-319.

(注47) Nakata, T., & Webb, S. (2016). Does studying vocabulary in smaller sets increase learning? The effects of part and whole learning on second language vocabulary acquisition. Studies in Second Language Acquisition, 38, 523-552.

(注48) Nakata, T., & Webb, S. (2016). Does studying vocabulary in smaller sets increase learning? The effects of part and whole learning on second language vocabulary acquisition. Studies in Second Language Acquisition, 38, 523-552.

第2章

(注1) Krashen, S. (1989). We acquire vocabulary and spelling by reading: Additional evidence for the Input Hypothesis. The Modern Language Journal, 73, 440-464.

Wilkins, D. A. (1972). Linguistics in language teaching. Edward Arnold.

(注2) Nation, I. S. P. (2006). How large a vocabulary is needed for reading and listening? Canadian Modern Language Review, 63, 59-82.

(注3) https://www.youtube.com/watch?v=p-kZLP2FWUI

(注4) Gyllstad, H., Sundqvist, P., Sandlund, E., & Källkvist, M. (2023). Effects of word definitions on meaning recall: A multisite intervention in language-diverse second language English classrooms. Language Learning, 73, 403-444.

(注5) 村田年. (2004). 語彙指導の必要性と指導例:大学英語教育学会基本語改訂委員会(編)『JACET8000活用事例集』(pp. 2-6). 大学英語教育学会.

(注6) Takahashi, T. (1984). A study on lexico-semantic transfer. University Microfilms International.

(注7) Verspoor, M., & Lowie, W. (2003). Making sense of polysemous words. Language Learning, 53, 547-586.

(注8) https://www.youtube.com/watch?v=p-kZLP2FWUI

(注9) Nation, I. S. P. (2022). Learning vocabulary in another language (3rd ed.). Cambridge University Press.

(注10) Schmitt, N., & Schmitt, D. (2020). Vocabulary in language teaching (2nd ed.). Cambridge University Press.

(注11)「100ワードファミリーで平均的な英文テキストの約50%をカバーできる」というのは、「100ワードファミリーを知っていれば、平均的なテキストの約半分が理解できる」ことを必ずしも意味しないことに注意しましょう。例えば、put, up, withという単語を知っていたとしても、put up with(〜を我慢する)という定型表現が理解できるとは限りません。定型表現に関する詳細は、第3章をご覧ください。

(注12) Koch, R. (1999). The 80/20 principle, expanded and updated: The secret to achieving more with less. Currency.

(注13)「高頻度語」と「低頻度語」に加えて、「中頻度語」という分類を加えることもあります。

(注14) Nation, I. S. P. (2006). How large a vocabulary is needed for reading and listening? Canadian Modern Language Review, 63,

59-82.
(注15) Coxhead, A. (2000). A New Academic Word List. TESOL Quarterly, 34, 213-238.
(注16) 熊谷允岐.(2019).日本人と単語集:日本における英語語彙学習教材史:江戸編.『異文化コミュニケーション論集』17, 41-56.
(注17) Bahrick, H. P., Bahrick, L. E., Bahrick, A. S., & Bahrick, P. E. (1993). Maintenance of foreign language vocabulary and the spacing effect. Psychological Science, 4, 316-321.
Bahrick, H. P., & Phelps, E. (1987). Retention of Spanish vocabulary over 8 years. Journal of Experimental Psychology: Learning, Memory, & Cognition, 13, 344-349.
(注18) Karpicke, J. D., & Roediger III, H. L. (2008). The critical importance of retrieval for learning. Science, 319, 966-968.
(注19) Bjork, R. A. (1988). Retrieval practice and the maintenance of knowledge. In M. M. Gruneberg, P. E. Morris, & R. N. Sykes (Eds.), Practical aspects of memory II: Current research and issues (pp. 396-401). Wiley.
(注20) Steinel, M. P., Hulstijn, J. H., & Steinel, W. (2007). Second language idiom learning in a paired-associate paradigm: Effects of direction of learning, direction of testing, idiom imageability, and idiom transparency. Studies in Second Language Acquisition, 29, 449-484.
(注21) Webb, S. (2009). The effects of pre-learning vocabulary on reading comprehension and writing. Canadian Modern Language Review, 65, 441-470.
(注22) 低頻度語に関しては、受容知識さえあれば十分で、産出知識は必要ない場合もあるでしょう。その際は、産出練習はせず、受容練習のみで十分だと考えられます。
(注23) Terai, M., Yamashita, J., & Pasich, K. E. (2021). Effects of learning direction in retrieval practice on EFL vocabulary learning. Studies in Second Language Acquisition, 43, 1116-1137.
(注24) Nakata, T. (2008). English vocabulary learning with word lists, word cards, and computers: Implications from cognitive psychology research for optimal spaced learning. ReCALL, 20, 3-20.
(注25) Schmitt, N. (1997). Vocabulary learning strategies. In N. Schmitt & M. McCarthy (Eds.), Vocabulary: Description, acquisition and pedagogy (pp. 199-227). Cambridge University Press.
(注26) Wissman, K. T., Rawson, K. A., & Pyc, M. A. (2012). How and when do students use flashcards? Memory, 20, 568-579.
(注27) Nakata, T. (2020). Learning words with flash cards and word cards. In S. Webb (Ed.), Routledge handbook of vocabulary studies (pp. 304-319). Routledge.
(注28) Nation, I. S. P., & Webb, S. (2011). Researching and analyzing vocabulary. Heinle Cengage Learning.
(注29) 海津泰雅. (2023). Analysis of flashcard apps for second language vocabulary learning. 立教大学異文化コミュニケーション研究科修士論文.

(注30) 白井恭弘. (2008). 『外国語学習の科学: 第二言語習得論とは何か』岩波書店.

(注31) Wei, Z. (2015). Does teaching mnemonics for vocabulary learning make a difference? Putting the keyword method and the word part technique to the test. Language Teaching Research, 19, 43-69.

(注32) 里中哲彦. (2019). 『日本人のための英語学習法』 筑摩書房.

(注33) Rogers, J., Webb, S., & Nakata, T. (2015). Do the cognacy characteristics of loanwords make them more easily learned than noncognates? Language Teaching Research. 19, 9-27.

(注34) Daulton, F. E. (2008). Japan's built-in lexicon of English-based loanwords. Multilingual Matters.

(注35) 柴崎秀子・玉岡賀津雄・高取由紀. (2007). アメリカ人は和製英語をどのぐらい理解できるか-英語母語話者の和製英語の知識と意味推測に関する調査. 『日本語科学』21, 89-110.

(注36) 山根キャサリン. (2019). 『Native Speakerにちょっと気になる日本人の英語』ひつじ書房.

(注37) Schmitt, N. (1997). Vocabulary learning strategies. In N. Schmitt & M. McCarthy (Eds.), Vocabulary: Description, acquisition and pedagogy (pp. 199-227). Cambridge University Press.

(注38) Thomas, M. H., & Dieter, J. N. (1987). The positive effects of writing practice on integration of foreign words in memory. Journal of Educational Psychology, 79, 249-253.

(注39) Barcroft, J. (2006). Can writing a new word detract from learning it? More negative effects of forced output during vocabulary learning. Second Language Research, 22, 487-497.

(注40) Schmitt, N. (1997). Vocabulary learning strategies. In N. Schmitt & M. McCarthy (Eds.), Vocabulary: Description, acquisition and pedagogy (pp. 199-227). Cambridge University Press.

(注41) Wong, W., & Pyun, D. O. (2012). The effects of sentence writing on second language French and Korean lexical retention. Canadian Modern Language Review, 68, 164-189.

第3章

(注1) Altenberg, B. (1998). On the phraseology of spoken English: The evidence of recurrent word-combinations. In A. P. Cowie (Ed.), Phraseology: Theory, analysis, and applications (pp. 101-122). Oxford University Press.

Erman, B., & Warren, B. (2000). The idiom principle and the open choice principle. Text, 20, 29-62.

(注2) テイラー・ジョン・R. (2017). 『メンタル・コーパス―母語話者の頭の中には何があるのか』くろしお出版(編訳:西村義樹・平沢慎也・長谷川明香・大堀壽夫).

(注3) Boers, F., Demecheleer, M., & Eyckmans, J. (2004). Etymological elaboration as a strategy for learning figurative idioms. In P. Bogaards & B. Laufer (Eds.), Vocabulary in a second language: Selection, acquisition, and testing (pp. 53-78). John Benjamins.

(注4) Ramonda, K. (2022). A double-edged sword: Metaphor and

metonymy through pictures for learning idioms. International Review of Applied Linguistics in Language Teaching, 60, 523-561.

(注5) Nesselhauf, N. (2005). Collocations in a learner corpus. John Benjamins.

第4章

(注1) Nakata, T., & Suzuki, Y. (2019). Mixing grammar exercises facilitates long-term retention: Effects of blocking, interleaving, and increasing practice. The Modern Language Journal, 103, 629-647.

(注2) 鈴木祐一. (2022). 第3章文法の学習. 中田達也・鈴木祐一(編)『英語学習の科学』(pp. 31-51). 研究社.

(注3) 鈴木祐一. (2022). 第3章文法の学習. 中田達也・鈴木祐一(編)『英語学習の科学』(pp. 31-51). 研究社.

(注4) 浦野研. (2021). 第2章「使える」文法知識を探る. 鈴木渉・佐久間康之・寺澤孝文(編)『外国語学習での暗示的・明示的知識の役割とは何か』(pp. 17-31). 大修館書店.

(注5) White, L. (1998). Second language acquisition and Binding Principle B: Child/adult differences. Second Language Research, 14, 425-439.

(注6) 鈴木祐一. (2022). 第3章文法の学習. 中田達也・鈴木祐一(編)『英語学習の科学』(pp. 31-51). 研究社.

(注7) Lightbown, P. M. (2019). Perfecting practice. The Modern Language Journal, 103, 703-712.

(注8) Nassaji, H., & Kartchava, E. (Eds.)(2021). The Cambridge handbook of corrective feedback in second language learning and teaching. Cambridge University Press.

(注9) 意味重視のコミュニケーション活動をしながら必要に応じて言語(例:文法・単語・発音)に注意を向けることを、専門用語ではfocus on form(フォーカス・オン・フォーム)と言います。

鈴木渉(編). (2017).『実践例で学ぶ第二言語習得研究に基づく英語指導』大修館書店.

(注10) 小池清治. (2001).『現代日本語探究法』朝倉書店.

第5章

(注1) Munro, M. J., & Derwing, T. M. (1995). Foreign accent, comprehensibility, and intelligibility in the speech of second language learners. Language Learning, 45, 73-97.

(注2) Saito, K. (2021). What characterizes comprehensible and native-like pronunciation among English-as-a-second-language speakers? Meta-analyses of phonological, rater, and instructional factors. TESOL Quarterly, 55, 866-900.

(注3) https://www.youtube.com/watch?v=QUtwsgcC9cI

(注4) 濱田陽. (2022). 第4章発音の学習. 中田達也・鈴木祐一(編)『英語学習の